中国长城

THE GREAT WALL OF CHINA

董旭明　著

燕山大学出版社
·秦皇岛·

图书在版编目（CIP）数据

中国长城 / 董旭明著 . -- 秦皇岛：燕山大学出版社 , 2025. 1. -- ISBN 978-7-5761-0663-3

Ⅰ . K928.77-64

中国国家版本馆 CIP 数据核字第 20240L9G55 号

中国长城

ZHONGGUO CHANGCHENG

董旭明 著

出 版 人：陈　玉

责任编辑：方志强　张岳洪　　　　　　图书策划：陈　玉

责任印制：吴　波　　　　　　　　　　装帧设计：方志强

出版发行：燕山大学出版社　　　　　　电　　话：0335-8387555

地　　址：河北省秦皇岛市河北大街西段 438 号　　邮政编码：066004

印　　刷：北京雅昌艺术印刷有限公司　　经　　销：全国新华书店

开　　本：635 mm×965 mm　1/16　　　印　　张：21.5

版　　次：2025 年 1 月第 1 版　　　　　印　　次：2025 年 1 月第 1 次印刷

书　　号：ISBN 978-7-5761-0663-3　　字　　数：220 千字

定　　价：699.00 元

序　PREFACE

长风吹度玉门关

　　"明月出天山，苍茫云海间。长风几万里，吹度玉门关。"这幅诗仙李白描绘的中国西北大地上的壮阔景象，摄影家董旭明先生曾不止一次地驱车前往，长途跋涉，深入腹地，甚至不惧在大漠的风沙霜雪中只身历险，用相机摄下中国长城在那里屹立两千多年的一座座关址烽燧。

　　您现在翻开的这部《中国长城》画册，荟萃了著名长城摄影家董旭明先生40 余年来跋涉 60 余万千米拍摄的我国历代长城的精品佳作。本书立足于影像审美，结合精练的文字叙事，呈现中国长城的壮丽，讲述长城蕴含的历史沧桑与精神价值，以长城两千多年的时间延续为纵轴，以长城遗址在 15 个省（自治区、直辖市）的地理分布为横轴，分为先秦长城、秦汉长城、南北朝至元代长城、明清长城四个篇章，通过近 260 幅图片和简洁的笔记体文字，全面呈现长城精华点段的真实面貌，传播长城文物遗产承载的中华民族文明价值观，讲述中国故事。

　　这部著作的策划，缘自 2023 年夏天，燕山大学出版社的读懂长城主题书店作为全国首家长城主题书店，邀请董旭明先生专程从北京来到秦皇岛举办一场讲座。就在这次讲座中，董旭明先生对现场的师生和摄影同人们讲述了他拍摄长城的经历：从 40 余年前机缘巧合的一次拍摄，他对长城摄影产生了浓厚的兴趣，在中国摄影界老前辈的指点下，走上了系统拍摄长城的漫长路途，从辽东藩屏、蓟镇关堡到塞上长垣、戈壁烽燧，40 余年来他用相机记录了历代长城在我国 15 个省（自治区、直辖市）分布的长城遗址，创作出数以千计的长城摄影作品，熟知几乎所有拍摄点段的长城遗址的历史典故，用镜头记录了 40 余年的心路历程。

　　于是，策划一部概貌式介绍历代全线长城的影像叙事集的念头产生了。对于董旭明先生这位长城摄影家，我早有耳闻。就在长城国家文化公园建设启动不久，为配合这项国字号的重大文化战略工程，2021 年国家文物局为在福州举办第 44 届世界遗产大会编印一部汉英对照的《万里长城》画册，作为各国代表伴手礼，书中列举国家文物局公布的首批国家级长城 83 个重要点段，选用了董旭明先生提供的图片做封面和封底以及 11 个点段用图，为此，该书在后记中特别署名给予肯定。董旭明先生的长城摄影作品在国内外多次举办专题展。作为第十四届北京国际文化创意产业博览会中国长城馆和《长城文化纵览》图册主要参与者，他出色地完成编审工作。在北京市延庆区八达岭镇石峡村，他与驻村书记的中国长城摄影作品被制作成灯箱常年展出，为乡村振兴添彩。由董旭明先生提供百余幅长城摄影作品，北京市文物局支持，北京建筑大学承办的"'东方巨龙 民族脊梁'中国长城摄影展"自 2024 年 5 月起在首都高校和博物馆以及天津市、河北省高校巡展不歇。我们燕山大学中国长城文化研究与传播中心为便于密切交流，聘请董旭明先生兼任特邀研究员。我们商定，精选一部分摄影作品，辅以文字笔记，出版这部展现长城壮丽之美的《中国长城》。

中国长城，对于中国人民和热爱长城的世界民众，似乎已经耳熟能详，但是目前我们呈现长城文化内涵的内容和形式都多有欠缺，对于长城与中华文化基本精神一脉相承的以和为贵、和而不同、坚韧不屈、自强不息等精神价值语焉不详，长城往往被当成形式美的抽象符号，依旧停滞在传统的宏大叙事之中，仅仅展示着它的辉煌壮丽。

作为全球最大的发展中国家，中国在推进国家文明进步、民族复兴的进程中，面向国际社会讲好心系人类命运、致力于文明对话、为世界作贡献的中国故事，即国家文化形象的塑造正面临着重大而急迫的时代之需。讲好中国故事的核心是传播中华民族的文化价值观，中华民族的代表性符号和中华文明的重要象征——长城是这方面的题材宝库，将长城文化塑造成读懂中国、沟通世界的文化价值观载体，我们责无旁贷。当前，我们打造中华文化的重要标志，坚定文化自信，弘扬民族精神，致力于对长城的文化价值、精神内涵等社会性资源进行全面的挖掘、提炼，长城的文化阐释和传播被提升至前所未有的高度，被赋予了不可替代的使命。运用长城拥有的世界影响，增强中国出版的对内对外传播能力，必须从"他者"话语"阐释中国"转变为以我为主的"中国阐释"，以文化价值观为纽带进行跨文明对话与沟通，让读者大众了解中国文化，了解中国人的生活方式和精神世界。

出版物对长城文化符号的表现主要有文化遗产、文学艺术、文化符号这三种形态，在这部书中三种符号兼而有之。其突出特点，其一是全局视角、全面勾勒，按中国长城修造史断代划分为四个篇章，纵贯展现，一脉延续；其二是具象描述、准确真实，每一点段的长城影像均追求展示壮美与精研细节兼备，既有宏大叙事，也有细部呈现；其三是视觉审美独树一帜，用作者擅长的光影对比、动态线条等手法，引人沉浸于长城的万千气象；其四是生动可读，长城影像与笔记体文字叙事相映成趣，展卷令人感到轻松欢畅。

"中国最伟大的美术，最壮丽的美，莫过于长城。"（宗白华语）正因如此，长城作为拍摄对象，以其阔大高峻、分布广远、历史厚重，当是最不易为拍摄者把握的。董旭明先生拿出充沛的时间、体力、精神和毅力的同时，还须具备跳出局部看长城的整体观，具备文史知识积累与一定的考古调查能力，这与他职业的洞察力，以及与文博学者亦师亦友的交往密不可分。拍摄历程的艰辛困苦，恐怕难以言传，董旭明先生极少留下个人化的拍摄记录，从他口中鲜闻苦累之叹，但从他在微信群中分享的只言片语或可窥见一斑："西北行摄时遭遇沙尘暴是常态，来自阿拉善肆虐的狂风将沉重的摄影包移动几十米令我等心惊""一次错误的操作致使车陷戈壁，九个小时噩梦般的脱困经历，见到烽火台后疲惫的身心得以放松，休整两小时，待天明"。尽管 2018 年春节前在甘肃省酒泉市金塔县拍摄途中发生的交通事故令其留下不可逆的后遗症，但时至今日，在长城沿线仍活跃着他的身影。

他有过 24 小时内从北京到嘉峪关往返，只为拍下期待已久的祁连山脚下卯来泉城堡的雪后容颜，也曾满怀温情在新疆维吾尔自治区巴音郭楞蒙古自治州若羌县米兰古城遗址上送走 2023 年最后一缕夕阳，他用多年田野考察经验助河南省文物考古部门成功寻找到安阳域内的一段战国时期赵南长城，他为拍摄与众不同的热点长城段落，近百次登顶北京市域内的箭扣长城。长城地带的四季景致、地质奇观、精彩瞬间，以及长城建筑的不同类型、长城与自然结合的鬼斧神工，在董旭明先生的镜头里一一再现，由此他形成了独具个人风格的视觉语言，出新意于法度之中，也积淀了对长城人文历史的深刻认识，将长城的历史文化价值与现实需要紧紧关联。

近年，董旭明先生长期的拍摄进入拾遗补阙阶段，专注地去找寻传世资料不全面的春秋战国长城、秦长城、汉长城以及内蒙古自治区域内的金长城（界壕）和辽长城，黑龙江省域内的唐代边墙，吉林省域内的秦汉长城，辽宁省域内的燕长城，给长城的历史考证以坚实的佐证。通过实地考察，对在我国新疆维吾尔自治区域内向西延伸的长城"西端终点"之说予以纠正，拿出实地拍摄的烽燧及长城墙体遗址，雄辩地刷新了位于更西端的长城遗存。他追求艺术境界，但他更注重史实，他直面新闻机构和职能部门，呼吁各界弃用之前对非景区长城有失敬畏的描述，已被业界认可。在世界遗产影像学范畴专注于对长城项目的推介，是他摄影观念的一个重点，也是亮点。董旭明先生是长城摄影界中的考据派。

若从一个人与万里长城的关系而论，董旭明先生 40 余年专攻长城摄影的跋涉记录与创作成就，在中国摄影界没有哪一位能与其比肩，故而他的作品被用作长城著名点段的经典画面自然是当之无愧。董旭明先生的成就在于他一生始终如一地干好了一件事，他的长城摄影作品因其独具的历史性、文献性、综合性、艺术性理当予以系统整理，让大众得见。

董旭明先生出生于军人家庭，有着多彩军旅生涯，从文艺战士到隐没在巴山蜀水，在大漠戈壁工作生活期间懂得了"干惊天动地事，做隐姓埋名人"，他无私奉献的态度和精神，随着一次次工作调动，都化作同事和领导的赞许。即使今天成为中外闻名的摄影大家，他仍然低调行事。虽然已对各地长城点段的地势特点如数家珍，但他仍然追求尽善尽美。他为人胸襟开阔，颇能与各路长城同道声气相通，对摄影者间的交流毫不保留。他律己甚严，到邻省拍摄，尽可能不给当地朋友添麻烦。他率直真实，不屑于曲学阿世，看到胡评乱考长城的论调，会凭借实地考察的知识出手斧正，其言其行，明辨正误，尖锐泼辣，也不乏无可奈何之情。真所谓，笑骂由他笑骂，守护我自为之。

我与董旭明先生相识于近些年的长城学术活动中，尤其是在开拓长城学研究的过程中结缘，时日尚浅，但对他的君子风骨已颇有感触。《论语》说"益者三友"："友直，友谅，友多闻"，此三友者，皆董旭明先生之谓也。

《中国长城》是一部面向国内外传播的长城影像图书。继中文版后，还将出版中英双语版，让它能与更多的读者相遇。在 2024 年 6 月举行的第 30 届北京国际图书博览会上，燕山大学出版社已与加拿大皇家柯林斯出版集团签约共同出版本书英文版，面向北美地区读者推介本书。

一个时代有一个时代的气韵和志业。2023 年 3 月，中国领导人发起全球文明倡议，代表了时代呼声——"以文明交流超越文明隔阂、文明互鉴超越文明冲突、文明包容超越文明优越"。我们出版这部《中国长城》，希望与作者一道，矢定信念，努力为之，以长城为纽带，将中华民族生生不息的文明动能带到有海水处，融入人类文化的相互激荡、相互凝视和有意义的对话之中。

出版人、本书策划人

陈 玉 博士

2025 年 1 月于燕园

目录　CONTENTS

第一篇

先秦长城

　　据文献记载，长城起源于春秋战国时期。此时王室衰微、权力下移，各诸侯国为了自身利益，扩军备战，彼此征伐。各诸侯国在兼并和反兼并的过程中，开始纷纷修建长城来巩固边防，中国进入长城修筑的第一个高峰期。其中，楚国和齐国修筑的长城是已知的中国历史上最早的长城。进入战国后期，燕、赵、秦三国相继在其北方修筑了用来防御游牧民族侵扰的长城。此外，韩、魏、中山等诸侯国也修筑了相互防御的长城。

第一篇 先秦长城

根据历史记载，楚国是最早修筑长城的诸侯国之一。楚长城早期是以"方城"形式出现。《左传》上记载有这样的故事：楚成王十六年（前656年），齐国要出兵攻打楚国，军队已经到了陉这个地方，楚成王派屈完去迎敌。到了召陵，屈完对齐桓公说，你如果真正想打一仗的话，楚国有方城可以作为城防，有汉水作为城池，是足以抵抗的。齐桓公见楚国防御工事确实坚固，只好收兵。

河南省平顶山市叶县五里坡楚长城拔剑岭段

河南省平顶山市叶县五里坡楚长城拔剑岭段

河南省南阳市方城县楚长城大关口段。该段长城遗址位于方城县城北约25千米处独树镇中信庄村两山夹峙之间。东为黄石山西麓擂鼓台、北岭头、尖山诸峰，西为伏牛山东麓的对门山、旗杆山、香布袋山诸峰，东西山峰并列，地势险要，形成隘道，故得名大关口。靠近长城遗址，有罗哲文先生为此段楚长城题字的碑亭。

齐国在春秋时率先成为中原霸主，而在齐桓公之后，势力衰微，其西南边境又时常受晋国威胁，于是率先在西南的平原地带利用原有堤防修筑长城。随之又根据形势需要在东南、南面依次修筑，最后形成了一条西起黄河畔、东至黄海，横亘千余里的长城。

齐长城西起于今山东省济南市长清区孝里镇东南广里村北 500 米处的岭子头，东至青岛市黄岛区于家河村东北，途经济南市、泰安市、淄博市、潍坊市、临沂市、日照市、青岛市等 7 个市域，全长 600 余千米。

山东省济南市长清区齐长城定头崖段

山东省潍坊市诸城市齐长城白马河段

山东省济南市莱芜区齐长城锦阳关段

　　燕国作为春秋战国时期北方重要的诸侯国，其疆域北有东胡、山戎等游牧民族，西有赵国和秦国，南有齐国，均对其构成威胁，所以燕国为了防御其他势力的侵扰，先后修建了燕北长城和燕南长城。燕国筑造北长城是在秦开却胡之后，并且战后燕国还在东胡旧地设置了上谷、渔阳、右北平、辽西、辽东等五郡。

辽宁省朝阳市建平县燕长城烧锅营段

吉林省通化市燕方城三棵树段（燕筑秦汉延用）

辽宁省沈阳市法库县燕方城遗址

河南省安阳市赵南长城林州段。赵筑长城一般选择山坳谷底，使战车回旋余地狭小，相对减少作战场合。我利用这一特性，在河南安阳找到了一段赵南长城。

　　赵长城主要分为赵南长城和赵北长城两部分。赵肃侯十七年（前333年），在其南界修筑长城。据《史记·赵世家》记载："（肃侯）十七年，围魏黄，不克。筑长城。"这是关于赵国修筑长城最早的文献记录。又载赵武灵王十九年（前307年）"以长南藩之地，属阻漳、滏之险，立长城"。赵南长城的修建，一定程度上抑制了南方诸国的入侵，为赵武灵王在一定时期内专心北伐、开拓疆域蓄积了力量。

河南省安阳市赵南长城林州段

内蒙古自治区包头市赵北长城石拐段

　　赵北长城包括赵肃侯北长城和赵武灵王北长城。公元前 403 年，三家分晋。赵国北方的林胡、楼烦等部族已由先前互不统属，逐渐地趋于局部聚集，形成较大的部落联盟，其势力已到达赵、秦、燕三国的北境。赵肃侯在位时期为了防止北方游牧民族的侵扰曾修建一道赵北长城。公元前 302 年，赵武灵王倡导改穿胡服、学习骑射，加强了国防力量。赵国先攻灭了中山国，后又打败了林胡、楼烦。为了防胡南侵，赵武灵王"筑长城，自代并阴山下，至高阙为塞"。

内蒙古自治区包头市赵北长城石拐段

第一篇 先秦长城

据史料记载，战国秦长城有秦昭襄王长城、堑洛、上郡塞等。秦厉共公和秦简公于公元前461年至前409年间，先后在黄河和洛水西岸修筑长城，史称堑洛长城。陕西富县洛河两岸的长城为战国时期秦"上郡塞"长城，是秦惠文王二年（前336年）修筑的防御北面赵国的军事防御工程。秦国在灭掉义渠戎，得陇西、北地、上郡后，便修筑长城，以此抵御北方游牧民族，由于此长城是在秦昭襄王时期修筑的，所以后人多称之为秦昭襄王长城。

甘肃省定西市临洮县战国秦长城古树湾段一号烽燧

甘肃省定西市战国秦长城临洮段

甘肃省定西市战国秦长城临洮段

甘肃省定西市战国秦长城临洮段

宁夏回族自治区固原市战国秦长城原州段

内蒙古自治区乌拉特中旗海流图镇长城岩画。在内蒙古乌拉特中旗寻访秦汉长城时，我结识一位当地的学者，交流甚欢。在他的引领下我前往海流图镇的芦草沟一带观览各时期的岩画。在秦长城墙体上看到一幅令人称奇的古人作品，是修筑长城时取石巧合，还是古人倚墙凿之，尚无定论。据考，乌拉特中旗的岩画应是新石器时期到青铜时代的遗存。

河北省邯郸市磁县魏长城漳河段

魏长城是魏惠王于公元前 356 年，由今河南省原阳县经郑州管城，向西南过荥阳、巩义到新密修筑的一条长约 100 千米的长城。现存遗址主要位于郑州市域内的管城、荥阳、巩义、新密一带，其中新密段保存较为完好。魏国所筑长城共有三道：一道在今河南境内，因在河水（古黄河）之南，故称河南长城；一道在西境，因在黄河之西，故称河西长城或河右长城；一道被称为陕县长城。魏筑长城主要是为了抵御韩国。魏惠王十二年（前 358 年），为巩固河西之地，魏国派大将龙贾沿洛水修一道长城，这就是河西长城。陕县长城"在县北二十三里。魏惠王十九年所筑，东南起崤山，西北至河三十七里"。

陕西省渭南市韩城市黄河岸边的魏长城烽燧

陕西省渭南市韩城市魏长城城南村段

韩国地处河南中西部，西邻秦国，南邻楚国，东北与魏国接壤。韩国灭郑国后，为了抵御魏国、秦国、楚国等诸侯国的进犯，在原郑国修建的长城的基础上，继续修筑并使用这段长城。后人也把这段长城称为郑韩长城。

河南省郑州市新密市米村镇郑韩长城伏羲山段

中山国的建立者鲜虞，是北方游牧民族白狄的别种，春秋时期鲜虞越过太行山东进，多次与晋国发生战争。春秋晚期，鲜虞转移至今唐县，改称中山国。公元前457年，中山国首次被晋国所灭。公元前414年，中山武公复立，建都于顾（今定州）。公元前407年，中山国为魏所灭。至公元前380年前后，中山桓公复国，迁都于灵寿（今平山县三汲乡一带）。中山与赵、燕发生过激烈的战斗，最终于公元前296年被赵吞并。中山长城分布于保定西部太行山区的涞源、唐县、顺平、曲阳四县，总长约90千米。中山长城以主干城墙为主体，另在一些险要的关口筑城或筑墙扼守；在城墙内侧修筑较大的城址为屯戍点，或在城墙附近驻兵防守，共同构成一道严密的防御体系。

河北省保定市顺平县中山长城新华村段

河北省保定市唐县中山长城西大洋段

第二篇

秦汉长城

公元前 221 年，秦始皇建立了中国历史上第一个中央集权的王朝，实现了中国历史上的第一次大统一。为了进一步巩固统一的成果，秦始皇在经济、政治、军事上采取了诸多措施。尤其是在军事上，秦朝北逐匈奴后，为防御其再南下骚扰中原，大规模修筑长城以保护土地和资源。秦朝所筑的长城，除北部阴山长城外，大部分是在战国秦、赵、燕三国长城的基础上增修扩建并连成一线的，形成了起临洮（今甘肃省岷县）至辽东（今辽宁省）的万里长城。

秦朝修筑的长城规模已经很大，而汉朝长城较之秦长城更有所增长。汉长城东起辽东，西至新疆，长度达到了两万里，是历史上修筑长城最长的一个朝代。汉朝修筑长城，除了起到抵御匈奴等北方部族侵扰的军事防御作用之外，汉长城的西部还起着开发西域屯田、保护通往中亚的交通大道"丝绸之路"的作用。汉武帝更进一步发展和改进了长城的布局，建筑了许多亭障、列城，把长城内外的广大地区有机地构成一个防御工程体系。西汉所筑的河西长城、亭障、列城、烽燧，有力地阻止了匈奴的进犯，对发展西域诸属国的农牧业生产，促进社会的进步，特别是对打通与西域各国交通、经贸、文化交流起了重要的作用。

秦汉长城是中国历史上第一个大一统时期的重要产物，见证了中国公元前 3 世纪至公元 3 世纪北方农耕文明与游牧文明之间的冲突、交流与融合。秦汉长城所形成的一整套军事防御制度以及与之相应的工程技术体系，奠定了中国长城的基本规模与文化内涵。

内蒙古自治区巴彦淖尔市秦长城小佘太段

　　长城虽然在春秋战国时期就已修筑，但是由于诸侯林立，属境较小，一般小国长城都只有几百里，较大的诸侯国也不过三四千里。万里长城之名，自秦始皇才开始。据司马迁《史记·蒙恬列传》记载："秦已并天下，乃使蒙恬将三十万众北逐戎狄，收河南。筑长城，因地形，用险制塞，起临洮，至辽东，延袤万余里。"

内蒙古自治区包头市固阳县秦长城天盛城段

内蒙古自治区巴彦淖尔市乌拉特前旗秦长城小佘太段。该段长城全长近 80 千米，是秦朝为防御北方匈奴侵扰而修筑的。长城临山脊而建，就地取材，全部用不规则的石块堆砌，每隔几百米就有一处烽火台。该段长城因地处偏远，保存相对完整，具有壮美的景观价值，更承载着历史文化内涵。

内蒙古自治区巴彦淖尔市秦长城小佘太段

内蒙古自治区巴彦淖尔市乌拉特中旗秦长城德岭山段

内蒙古自治区巴彦淖尔市乌拉特中旗秦长城芦草沟段

内蒙古自治区呼和浩特市秦长城坡根底段

河北省张家口市张北县秦长城汉淖坝烽燧

甘肃省定西市岷县秦长城羊癫沟烽燧

甘肃省定西市秦长城岷县段。在拍摄历代长城的过程中，秦长城是绝不可忽视的专题。因"秦陇西临洮县，即今岷州城"，引得我探寻秦长城西起点的想法日渐浓重。依"本秦长城，首起岷州西十二里，延衰万余里，东入辽水"之说，入夏日，从临洮县翻山越岭进入岷县界，苦寻却不得要领。求教岷县文保专员，得热心引领，沿一条令人心惊胆战的盘山小路至海拔近2800米处驻车，观览秦朝的后沟梁障城、豪堑遗址。分析认为，这里应属于秦长城防御体系中不可缺失的前哨部分。岷县域内多处秦朝修筑的烽燧、障城的存在，势必将秦长城西起点学说改写。

秦亡汉兴，汉朝的统治者对于长城的修建与维护也从未停止。汉朝与北方少数民族的关系决定了长城在抵御外敌以及维护统治方面的必要性，而西汉长城修建的重点从地域上看，集中于西北、北部地区。汉长城的修建，不仅对抗击匈奴及防备羌、氐等侵扰，巩固西汉政权，促进各民族的融合往来起到了重要的作用，还促进了长城沿线地区与西域诸国政治、经济、文化的发展，有力地保护了古商旅通道的畅通，保证了东西方贸易的开展。至魏、晋、隋、唐时期，它仍是军事战略的运输线、边疆安全的保障线、中国疆界的奠基石。

甘肃省酒泉市金塔县汉代石营坞障城。障城是秦汉边塞上起防御作用的城堡，一般位于长城的里侧，比边城更近于长城。

甘肃省酒泉市敦煌市汉长城及当谷燧

甘肃省酒泉市敦煌市疏勒河流域汉长城及高望燧

甘肃省酒泉市敦煌市玉门汉长城积薪垛。积薪即"柴堆"，有大小积薪之分，是长城守军日、夜不同时间段传递消息时的燃烧材料。积薪堆放在障、坞之外，外表多敷一层泥沙，即汉简所谓"涂"，可防风雨、火灾。

甘肃省酒泉市敦煌市汉代牛头墩

甘肃省酒泉市敦煌市广武燧。广武燧又称吐火洛墩，位于崔木头沟下游入沼泽前河段北岸吐火罗泉湖滩的北部沙梁上。

甘肃省酒泉市敦煌市河仓城。河仓城俗称大方盘城，位于敦煌西北约60千米处的疏勒河北岸，西距玉门关（小方盘城）约15千米，建于西汉，夯土版筑。遗址主体平面呈长方形，东西长132米，南北宽17米，残高近7米，四壁多已颓塌，只有北壁较为完整。墙壁上下置三角形小洞，上三下五，间隔距离交错相等，用于通风。外围的东、西、北三面筑有两重围墙，有护城墩。

甘肃省酒泉市敦煌市小方盘城。小方盘城又名玉门关，位于县城西北约 80 千米处，北距西汉塞墙约 3 千米，为西汉玉门都尉、东汉玉门障尉治所。该城平面呈方形，边长约 23 米。墙体夯土版筑，厚约 4 米，北墙现存最高约 10 米。

甘肃省酒泉市敦煌市阳关。阳关，西汉武帝时设置，与玉门关并称两关，因在玉门关南，故名。地处河西走廊最西端的南湖小绿洲，周边为戈壁滩和沙漠。同玉门关一样，汉时设有都尉，地位重要。《汉书·西域传》记载西域都护府治所乌垒城（今新疆轮台东）的里距以阳关起始。从今敦煌西北出玉门关的大道称为北道，西南出阳关的大道称为南道，北道的路线曾有变迁，南道一直未变，即经今新疆塔克拉玛干沙漠南缘、昆仑山北麓的交通道路。由于古代阳关地处边陲，后人视之为荒凉的象征。唐王维《渭城曲》"劝君更尽一杯酒，西出阳关无故人"把它描绘成遥远偏僻、人地生疏的悲情之地。

甘肃省酒泉市瓜州县宜禾侯都尉城。该遗址位于西湖镇西湖村东南约 16 千米的荒漠，由内、外两部分组成，内城墙体保存相对完整，外城墙体水侵、风蚀成垅状，平面呈矩形。内城位于外城东北角，南北长 38 米，东西宽 18 米，东、北墙利用外城墙体，外城平面呈矩形，东西长 86 米，南北宽 78 米，外墙东侧为汉长城。

甘肃省酒泉市瓜州县锁阳城遗址。锁阳城原名苦峪城，是全国重点文物保护单位，2014 年 6 月被列为世界文化遗产，在县城东南约 70 千米的戈壁滩上，始建于汉，兴于唐，其他各代都不同程度地重修和利用过。其形制保存了典型的唐代古城风格。

甘肃省酒泉市瓜州县南沙窝汉长城及烽燧。酒泉自古以来作为西部边塞军事重镇和商旅通道重要节点，域内烽燧、亭障、关隘、壕堑等长城资源富集，汉长城东西绵延742.9千米、明长城长80.6千米，有烽燧、亭障300余座。

甘肃省酒泉市瓜州县雅丹地貌中的汉代城堡遗址

甘肃省酒泉市敦煌市南湖乡寿昌城遗址。寿昌城位于北工村东约 1.5 千米处，平面呈长方形，总面积约 8.35 万平方米。寿昌城汉代为龙勒县治，公元 499 年改龙勒为寿昌县，公元 525 年置寿昌郡。北宋景祐三年（1036 年）之后，逐渐衰微。

甘肃省酒泉市玉门市清泉乡骟马河西岸骟马城。骟马城分东、西两城。西城史载为东汉延寿县地，现仅存几段残墙；东城始建于明嘉靖八年（1529年），是嘉峪关外一座交纳差马的军事要地和驿站。该遗址整体为夯土版筑，现存三面城墙，靠骟马河一侧的东墙，因丰水年河岸垮塌而消失。

甘肃省酒泉市金塔县黑河（古称弱水）东岸的肩水金关和地湾城及汉长城遗址。肩水金关故址始建于汉武帝元狩二年（前121年）至太初三年（前102年），属居延遗址一部分，是进出河西、南来北往的咽喉要道。

甘肃省酒泉市金塔县大湾城。大湾城属居延遗址一部分，位于金塔县城东北约145千米的黑河两岸。东岸为东大湾城，西岸为西大湾城。东大湾城为汉代肩水都尉府所在地，该遗址由外城、内城和障城三部分组成。内、外城现仅存几段残高1米左右的城墙和两座残高7米的护城烽火台。西大湾城距东大湾城约2千米，两城隔河相望，墙系夯土版筑，其筑法同东大湾城完全相同。西大湾城由于紧靠黑河河岸边缘，随河床的自然扩宽，故址东、南部分墙体被河水冲毁。

甘肃省甘南藏族自治州夏河县八角城。该城位于甘加滩东部央曲河与央拉河交汇的台地上，遗址基本保存完整，是古代甘青交通的要冲，也是历代中原王朝与吐谷浑、吐蕃、西夏、唃厮啰等王朝激烈争夺的军事重镇。

内蒙古自治区阿拉善盟居延殄北侯官遗址（A1 障址）。居延都尉下辖甲渠、卅井、殄北三个侯官，每个侯官管理几十个烽燧，这些烽燧以其大小不同而驻守几十到上百名戍卒不等，由侯长、烽燧长分级领属。

内蒙古自治区阿拉善盟额济纳旗居延卅井侯官遗址

内蒙古自治区阿拉善盟额济纳旗甲渠侯官。该遗址位于额济纳旗南约 24 千米的纳林、伊肯两河间的戈壁滩上，是汉代居延都尉西部防线甲渠塞官衙所在地。

内蒙古自治区阿拉善盟阿拉善左旗敖伦布拉格镇眩雷塞。眩雷塞又称乌兰布拉格障城，位于巴彦哈日嘎查村西北约 11 千米处，哈鲁乃山西端边缘地带山丘的顶部，据《史记·匈奴列传》记载，汉武帝元封三年（前 108 年），"又北益广田，至眩雷为塞，而匈奴终不敢以为言"。《汉书·地理志》西河郡记载"增山，有道西出眩雷塞，北部都尉治"。障塞筑有四面墙体，墙体两侧采用大块片状岩石错缝堆砌，内部使用石块及少量的沙石土填充。遗址平面呈长方形，坐北朝南，南北长 31.5 米，东西宽 24 米，有登墙坡道，南门有障墙环护，是现存可见、没有人为干预、保存最好的汉代障城之一。

内蒙古自治区巴彦淖尔市乌拉特后旗汉长城及烽燧

为内蒙古自治区巴彦淖尔市乌拉特前旗光禄塞遗址。光禄塞为汉武帝时重修秦代沿阴山所筑长城障塞，其中一段边塞因北临光禄勋徐自为所筑光禄城（今内蒙古乌拉特前旗明暗乡小召门梁古城）而得名。《史记·匈奴列传》记载，太初三年（前102年），"汉使光禄勋徐自为出五原塞数百里，远者千余里，筑城障列亭，至庐朐"，即在五原郡长城边塞外，沿着阴山石门水（今内蒙古自治区包头市昆都仑河）谷道峡口，修筑光禄城等一系列军事城障。

新疆维吾尔自治区阿克苏地区新和县汉代乌什喀特古城。古城为三重城垣，墙体均为夯筑。内城墙体顶部用土坯垒砌，墙体基宽约10米，高约5米。中城墙体高约3米。

新疆维吾尔自治区阿克苏地区乌什县亚曼苏柯尔克孜族乡别迭里烽燧。别迭里烽燧又称窝依塔勒烽燧，位于窝依塔勒村西约 20 千米处的戈壁滩上。该烽燧曾经占据"万里长城最西端"之说多年。我当年是怀着圆梦的心理走近它的，屈指算来，已先后 5 次来到这里。近些年，经新疆维吾尔自治区文物考古发现并确认，在别迭里烽燧以西几百千米之遥乌恰县的多处山口，塔县的瓦罕走廊，都有着烽燧、卡伦、戍堡遗址。据考证，别迭里烽燧始筑于东汉，唐沿用。该烽燧见证了张骞出使西域、玄奘翻越天山的别迭里山口前往天竺等众多历史事件。

河南省洛阳市新安县汉代新安函谷关遗址

第三篇

南北朝至元代长城

　　中国自古是一个多民族的国家，除汉族以外，在长期的封建社会中，也有许多少数民族政权统治过中国。从南北朝开始，相继统治中国北部地区的有北魏、东魏、西魏、北齐和北周；此外，十六国的前凉、前燕、前秦等少数民族政权也统治着部分地区。以后的辽、金、元、清等朝代，统治的范围更大。这些少数民族的统治者，在统治了经济文化上比较发达、以农业生产为主的地区以后，为了防止其他少数民族的骚扰，也通过修筑长城构筑战略防线。与此同时，各政权之间仍在修建用于彼此防御的长城。尤其是北魏、北齐和金代都曾大规模修筑长城。

第三篇 南北朝至元代长城

公元 386 年，鲜卑拓跋氏建立北魏，并于 439 年灭北凉，统一北方。鲜卑首领拓跋珪在创建北魏王朝时，位于蒙古高原上的柔然亦崛起，天兴五年（402年），柔然首领社仑自称丘豆伐可汗，建立了政权和军队，并逐渐成为北魏王朝的北方劲敌，常举兵南下侵扰，北魏的南征、西讨都受到柔然的牵制。鉴于此，北魏王朝在北方边境地带修筑了长城和镇戍，其中"六镇"便是最重要的屯兵戍守的城池，同时先后三次在北方边境及都城附近修筑长城。泰常八年（423 年）"蠕蠕犯塞。二月戊辰，筑长城于长川之南，起自赤城，西至五原，延袤二千余里，备置戍卫"。太平真君七年（446 年）六月，北魏王朝又修筑了一道长城——"畿上塞围"。太和八年（484 年），于六镇之北筑六镇长城，以御北虏，虽有暂劳之勤，乃有永逸之益。

内蒙古自治区包头市固阳县北魏怀朔镇遗址

甘肃省酒泉市肃北蒙古族自治县石包城乡石包城遗址。石包城是汉时沿祁连山麓所修的一段长城线上的重要城堡，也是西凉李暠所筑之雍归城遗址。李暠于西凉建初元年（405年）迁都酒泉，同时，在敦煌南子亭筑城。筑石包城时，还在两城四周新筑或利用汉代南塞遗迹，进行了大规模重建。城堡修筑在榆林河支流一石城沟西岸的山包上，海拔2213米，是一处视野开阔、地势险要、攻守兼备的军事要塞。清乾隆初年《重修肃州新志》记载：石包城"路通青海，高峻险厄，比于铁峡金墉，登临极望，洵足雄视边徼"。此路为青海游牧部落进入安西等地的通道。城址依小山岗地势而建，平面呈不规则长方形，东西长144.4米，南北宽77米。城墙四隅筑有方形角墩，四墙各筑马面一处。城门向南开设，门前约20米处向东又筑有一道短墙，短墙可与东南角墩相连，短墙前又有半圆形瓮城。城四周有护城壕，壕宽约20米，距城墙亦约20米，壕深约2米，壕沿用石块砌成。

550 年，高洋灭东魏，是为北齐，据有现今河北、河南、山西、山东等地的大片疆域。它的北方面对突厥、柔然、契丹等游牧民族的威胁，西边又有北周政权的对峙。为了防御，北齐不惜巨资，屡兴长城之役，北筑以拒胡，西筑以防周、山胡，先后兴工 7 次，修筑了 5 道长城。纵横数千里，其工程之大，在秦汉之后，明以前，推此为第一。同时也是北朝时构建长城次数最多、调动人力最众、长城分布最复杂、长度最长的王朝。北齐长城从西向东分为西线、外线西段、内线、南线、外线东段等。

山西省大同市北齐长城广灵段

山西省忻州市岢岚县北齐长城王家岔段

河北省张家口市赤城县北齐长城与明长城

北京市昌平区北齐长城北齐岭段

581年，隋文帝杨坚统一了南北，结束了自东汉末年以来360余年封建割据的局面，为了防御突厥、契丹、吐谷浑等游牧民族，也多次征发大批劳力修筑长城。隋代对长城的修筑虽然次数很多，有时征发劳力规模也很大，但多是就原有内部长城加以修缮，没有大规模增筑新建，较之秦、汉长城的修筑工程，相差甚远。

《资治通鉴·陈纪十》记载，开皇五年（585年）"隋主使司农少卿崔仲方发丁三万，于朔方、灵武筑长城，东距河，西至绥州，绵历七百里，以遏胡寇"。这一段长城西端起自灵武（今宁夏灵武）黄河东岸，向东到达绥州（今陕西绥德），行经路线大概与今陕西定边和靖边一带明长城的走向相同。据宁夏回族自治区文物局20世纪90年代考证，盐池县域内明长城北侧长城遗址为隋长城。

宁夏回族自治区吴忠市隋长城盐池段

唐初期，并未新筑长城，而是对早期的长城加以修缮利用；唐中期，唐王朝与周边少数民族之间的关系逐渐恶化，边事逐渐增多，为了维护边防安全，唐王朝在其边境修筑了长城以抵御突厥、回鹘、吐蕃等民族侵犯。另外，唐王朝的附属国高句丽、渤海、吐谷浑等，为了防止周边黑水靺鞨、吐蕃等民族对自己的侵扰，也修建了一些防御设施。

新疆维吾尔自治区哈密市巴里坤哈萨克自治县三塘湖镇石板墩烽燧。石板墩烽燧又称塔斯墩烽燧，位于岔哈泉村西北约 18 千米处的山丘上。石板墩烽燧因风雨侵蚀被破坏，平面呈不规则八边形，南壁倒塌，北壁和西壁保存较好。根据地理位置和内外分筑建筑形制推测，该烽燧始建于唐代。清朝开始在天山北侧的巴里坤屯田，修筑了大量的军事设施，并加固修缮了包括石板墩在内的三塘湖一线的烽燧。该烽燧线为促进唐代自中原前往西域的漠北古商道上经济、文化的往来，以及清朝对哈密的长期、稳定统治，发挥了重要的保障作用。

新疆维吾尔自治区阿克苏地区库车市唐代克孜尔尕哈烽燧。近年来，我在先后9次自驾新疆维吾尔自治区的行程中，3次造访库车县，只为亲近矗立在盐水沟东侧台地上、维吾尔语为"红色哨卡"之意的克孜尔尕哈烽燧。该烽燧为夯土结构，现存高度13余米，夯层10厘米并夹有桩木，顶部有木结构残留。通过近距离观察和触碰，烽燧夯层密实度强于明代夯土城墙。从其北侧的塌陷堆积，参照河西多处崩塌烽火台现状分析，该烽燧最初由四柱体夯筑组成。该烽燧历经1000多年的风霜雪雨，铸就汉唐以及后世诸王朝对于西域的主权宣誓。2014年6月22日，在联合国教科文组织第38届世界遗产大会上，克孜尔尕哈烽燧作为中国、哈萨克斯坦和吉尔吉斯斯坦三国联合申遗的"丝绸之路：长安—天山廊道的路网"中的一处遗址点成功列入《世界遗产名录》。

新疆维吾尔自治区吐鲁番市高昌区交河故城遗址。该遗址位于市区西约 10 千米的雅尔乃孜沟两河床之间的台地上，长约 1650 米，两端窄，中间最宽处约 300 米，呈柳叶形半岛。这里是古代西域三十六城邦诸国之一的车师前国都城，是该国政治、经济、军事和文化中心。在漫长的历史岁月里，交河故城在不同时期的营建下不断发展，其间经历了多次大规模改建，人们现在所看到的遗迹大部分是唐朝时期的建筑。

新疆维吾尔自治区和田地区墨玉县麻扎塔格唐代戍堡及烽燧。该遗址位于塔克拉玛干沙漠东南边缘红白山的红色部分山巅。宽阔的和田河（古称于阗河）如舞动的飘带，由南向北流淌，穿过塔克拉玛干沙漠，注入塔里木河。此行拍摄我是一人一车，从喀什出发经叶城抵和田市，休整一夜后向拍摄目的地进发。依导航沿笔直的沙漠无名公路向北行驶180千米后，在塔克拉玛干沙漠的红白山脚下公路的尽头被两位身材高大的安保人员拦停。检查证件后，对方友善告知，这里距我要找的古城堡还有240多千米，导航在这里不准，要走从和田到阿拉尔市的那条沙漠公路，过红白山检查站向西过和田河后，沿河向北的山上，远远地就能看到。谢过二位后，我原路退回和田方向。已近中午，8月的沙漠更是酷热难耐，为安全起见，我将车胎胎压降至2.5。转到阿和高速后，导航不显示过河道口。无奈之下求助京城方叔，反反复复多次往返红白山检查站，引起警方关注……天渐黑，加满油后返回和田市休息，其间又得方叔全家指导路线，天不亮信心满满踏上征程。理想很丰满，现实很骨感。第二天的行程只能用悲催形容。过和田河后，车陷沙窝，好在车内备有三箱矿泉水，9个小时后得到和田市警方营救脱险，并在日落前被送到达麻扎塔格戍堡的山脚下。完成此次拍摄计划后，我将"大美新疆，大爱新疆"的锦旗赠予救助过我的交警支队。

新疆维吾尔自治区哈密市巴里坤县大河镇大河唐城遗址。该遗址处于巴里坤盆地底部中心区，海拔1645米。这里交通便利，一马平川，土地肥沃，水源丰富，极宜开展农业和畜牧业。大河唐城是哈密市规模最大、保存最完好的一处唐代古城遗址。

新疆维吾尔自治区塔什库尔干塔吉克自治县公主堡遗址。公主堡位于县城以南约 70 千米的明铁盖达坂、卡拉其峡谷西侧，海拔 4000 多米，是我到达过的最高的唐代城堡。这里距瓦罕走廊很近。城堡东临奔腾咆哮的塔什库尔干河，突兀地耸立在险峻的山顶，四面绝壁，易守难攻。现存有城垣、重门、地穴和石室。这里是古代商旅通道的咽喉地段，唐玄奘曾从这里东归大唐。

新疆维吾尔自治区塔什库尔干塔吉克自治县石头城遗址。这里充满历史和文化底蕴，从金草滩远眺古城，唤醒了我儿时的记忆，小提琴曲《阳光照耀着塔什库尔干》回荡在脑海。石头城地处中西文化和贸易交流的节点，是西域古商旅中道和南道的交会处。现古城遗址呈不规则的方圆形，分内城和外城两部分。据考证，该城为唐代遗存，出土过唐代钱币、和田文书等。《大唐西域记》记载，玄奘取经归来曾在此讲经。

新疆维吾尔自治区阿克苏地区新和县尤鲁都斯巴格镇羊达克库都克烽燧。烽燧坍塌严重，平面呈不规则形状，剖面呈梯形，东西长15.6米，南北长12.4米，残高约10米。黄土夯筑，夯层清晰，夯层厚0.3～0.6米，夯层中间夹红柳层。该烽燧始筑于汉代，唐代沿用。

新疆维吾尔自治区巴音郭楞蒙古自治州尉犁县脱西克烽燧。该烽燧地处孔雀河中游、库鲁克山前洪积扇地带一条干涸河道北侧的戈壁滩上，被当地维吾尔人称为脱西克吐尔，维吾尔语脱西克意为三角孔，因烽燧主体和坞墙上有规则分布三角孔而得名。烽燧整体保存相对完整，底部边长约 10 米，顶部边长约 7 米，残高约 8.6 米。主体南壁有登道口，宽约 2 米，从底部向上纵贯至顶部。根据地理位置、建筑特点推测，该烽燧修筑年代为唐代。

内蒙古自治区巴彦淖尔市乌拉特中旗唐代新忽热古城遗址

黑龙江省牡丹江市宁安市渤海镇渤海国上京龙泉府遗址。该遗址史称忽汗城，是中国唐代渤海国的都城。古城建筑在东京城盆地的冲积平原上，南近镜泊湖区，西与北为牡丹江畔，东为汇入牡丹江的马莲河。

黑龙江省牡丹江市宁安市唐代渤海国长城小孤山段。渤海国长城，也称牡丹江边墙，是唐朝渤海国时期为防御北方黑水靺鞨而修筑的防御体系。据考，牡丹江边墙共长约 100 千米，由三段构成。边墙一段长约 50 千米，位于三道关一线，东起江西村西沟北山主峰，蜿蜒起伏向西北伸展，经过的主要山峰有新峰南岭、蛤蟆塘砬子、三道关、岱王砬子、二人石南岭等，止于西大砬子北坡；边墙二段长约 30 千米，位于宁安江东段，起自宁安镇牡丹江向北转弯处右岸，向老虎洞沟转向东南，止于宁安良种场东侧；边墙三段长约 20 千米，位于镜泊湖，起自城墙砬子对岸湖边，越过小孤山在江山娇林场东南侧山上向东南发展。

黑龙江省牡丹江市宁安市唐代渤海国长城小孤山段

　　宋、辽、西夏、金时期，今内蒙古鄂尔多斯高原的中西部为西夏领地，现达拉特旗、东胜区、准格尔旗大部被辽占据。准格尔旗南部属于北宋管辖之丰州属地。北宋在与西夏的交界线，构筑了大量关、城、寨、堡，形成了一道东北起自今陕西省府谷、神木两县，西南到今甘肃省中部，长达1000多千米的以长城、寨堡为主体的防御体系，当时被称为横山。北宋历任边防将帅都把横山长城寨堡作为对西夏作战的基地经营。

内蒙古自治区准格尔旗宋代保宁砦（古城梁古城）遗址。我以沙圪堵镇为大本营，沿壕羊线一路南下，寻觅宋代烽燧和古城遗迹，曾在保宁砦古城梁遗址停留多次。

宁夏回族自治区中卫市海原县宋代坞院遗址

内蒙古自治区准格尔旗宋代烽燧

宁夏回族自治区中卫市海原县宋代烽燧

宁夏回族自治区中卫市海原县宋代宁韦堡

916 年，契丹族在中国东北部建立政权；947 年，辽太宗改国号为辽，与中原的宋王朝形成南北对峙的态势。辽王朝存在的 200 多年间不断征战以扩大自己的国土范围。根据文献记载和考古调查资料，为维护王朝的统治，防御渤海国、女真和乌古敌烈等部，辽王朝曾在今辽宁、吉林、黑龙江以及内蒙古呼伦贝尔草原建立大规模防御工事，即辽镇东海口长城、松花江和第二松花江间的防御工事以及辽漠北边壕。

内蒙古自治区呼伦贝尔市根河市辽代长城及戍堡

内蒙古自治区呼伦贝尔市额尔古纳市黑山头镇辽代古堡

内蒙古自治区赤峰市巴林左旗辽上京城墙遗址。辽上京是契丹建国初期在本土兴建的第一座京城，也是辽朝营建最早、使用时间最长的都城。在辽天庆十年（1120 年），因金兵破城，令这座都城荒废，同时标志着契丹王朝政治中心的转移和历史的变迁。辽上京独特的城址布局和建筑风格，对研究中国古代都城形制布局以及契丹的文化和社会发展具有重要价值。

内蒙古自治区赤峰市巴林左旗辽上京古城遗址外围南塔。辽塔是对辽代佛塔类建筑的统称。辽朝皇帝崇信佛教，在五京地区以及重要府州皆造塔建寺。辽塔多为密檐式砖塔，塔身实心居多。砖雕多为仿木装饰。

金长城，又称界壕或壕堑，主要分布在今内蒙古自治区域内，大部分为东北—西南走向，横跨约 2500 千米，实际总长度 4000 余千米。据《金史》记载，天眷元年（1138年）以前，金代就曾经在东北路泰州境内兴建界壕；大定十七年（1177年）和二十一年（1181年）曾大规模修筑东北路、临潢路、西北路和西南路辖境内的界壕，并把它们连接成一条长壕；明昌三年（1192年）至承安三年（1198年），又在西南路、西北路、临潢路以及泰州边境挖掘新的界壕，这便是史籍上记载的"明昌新城"。这座军事防御设施是为了防御北方游牧民族南下而挖掘成的既深又长的壕，在壕内侧堆土为长堤，并在长堤上加筑马面。沿界壕的内侧每隔一定距离兴筑有边堡，并在重要交通道口兴筑关隘，所以通称为界壕边堡。

内蒙古自治区呼伦贝尔市莫力达瓦达斡尔族自治旗尼尔基镇金长城（界壕）第一堡——达里带石堡子

内蒙古自治区金长城（界壕）赤峰段

内蒙古自治区赤峰市克什克腾
旗金长城（界壕）达里诺尔段

黑龙江省齐齐哈尔市金长城（界壕）碾子山段

内蒙古自治区阿拉善盟额济纳旗达来呼布镇黑城遗址。黑城遗址位于镇东南约 36 千米处，是草原商旅
通道上现存最完整、规模最宏大的古城遗址之一。黑城始建于西夏时期，它是河西走廊通往漠北的必经
之路和交通枢纽。

　　西夏疆域范围在今宁夏、甘肃、青海东北部、内蒙古西部以及陕西北部地区。西夏
表面上对辽、宋、金称臣，实则对内独立称帝。前期与辽和北宋经常发生战事，保持三
国鼎立的局面，后期与金并立，末期受蒙古的威胁。

　　蒙夏战争令西夏于 1227 年惨遭灭国。《金史》称西夏"立国二百余年，抗衡宋、辽、
金，偭乡无常，视三国之势强弱以为异同焉"。

宁夏回族自治区中卫市海原县西安州古城。古城位于海原县西南约 20 千米处，背靠天都山，前临锁黄川，是宁夏域内保存较完好的大型古城址之一。城址平面呈正方形，边长近千米，每边设有 19 个等距离的马面，为宋代所筑。历史上，西安州古城被称为"固靖之咽喉，甘凉之襟带"。宋太宗雍熙二年（985 年），天都山一带常被西夏侵扰，宋将西安州城让与西夏。1042 年，西夏在此大兴土木，修建了 7 座大殿，内府库馆舍齐备，景宗李元昊和没移氏在此举行过婚礼并常来此享受汉文化乐趣。古城内建筑毁于 1920 年的海原大地震。

宁夏回族自治区银川市西夏王陵遗址。西夏王陵又称西夏帝陵、西夏皇陵，是西夏历代帝王陵以及皇家陵墓。王陵西傍贺兰山，东临银川平原，海拔1130米至1200米，是中国现存规模最大、地面遗址最完整的帝王陵园之一，也是现存规模最大的一处西夏文化遗址。

内蒙古自治区锡林郭勒盟正蓝旗上都镇元上都遗址。元上都地处闪电河畔金莲川草原之上，南临上都河，北依龙岗山，始建于元宪宗六年（1256 年），总占地面积达 250 平方千米。元上都是中国历史上元王朝的首都遗址、元朝文化的发祥地，元朝政治、经济、文化、宗教及对外交往中心。

　　元代版图地跨欧亚，远出长城以北很远的地方，蒙古帝国基于政治军事需要，设置实施的站赤制度，加强了中央对边远地区的控制。窝阔台统治时期，为了便于管理和减轻百姓负担，建立了新的驿站制度。这些驿站的设置，在传递军事和政府文书的同时，也保护了商旅往来，使两宋时期一度阻绝的中西传统商道得以再度畅通。元世祖时代，驿路一度横贯欧亚，形成了空前庞大的欧亚交通网络体系。国内商人通过驿路往来于全国各地，国外大批商人、文人也来到中国，有的甚至在中国定居。

内蒙古自治区锡林郭勒盟元上都皇宫遗址

甘肃省张掖市肃南裕固族自治县元代皇城。元势力遭明朝军队驱离后，部分皇族成员退守千里之外，驻扎在当年东征西讨的领地偏隅，并在老城南 200 米外筑新城。现南城城垣完整，辟有南门，城郭大致呈方形，周长 1240 米。

北京市昌平区南口镇居庸关云台。云台又称过街塔，为元代所建藏传佛教造型的建筑，至元末时佛塔损毁，明初又在原塔基上修建佛寺。云台矗立在群山之间，两侧尽是峰峦叠翠，明人惊叹其景观壮丽，将之列为"居庸八景"之一，因其"远望如在云端"，始有"云台石阁"之称。康熙四十一年（1702 年），因上方佛殿焚毁，仅剩塔基，故俗称云台。在云台券门下方石壁上雕刻有四天王、佛像以及八思巴文、汉文、藏文、回鹘文、梵文、西夏文六种文字的《造塔功德记》和《陀罗尼经咒》。多元艺术元素的交相辉映、各民族文化的碰撞与融合，使得居庸关云台成为北京地区各民族文化交往交流交融的历史见证。

第四篇

明清长城

  1368 年，明朝建立后，再一次大规模修筑长城，前期主要是为了防御邻近的蒙古各部，后期则主要是为了防御东北新崛起的后金政权。为加强长城的防御和管理，明政府将长城划分为多个军事防御区，史称"九边"。"九边"又称"九镇"，是明代对北部边境沿长城防线陆续设立的军事重镇的通称，后世沿用。一般认为包括辽东镇、蓟镇、宣府镇、大同镇、山西镇、延绥镇、宁夏镇、固原镇、甘肃镇九个镇。后来又陆续设置真保镇、昌平镇、临洮镇、山海镇，称为"十一镇"或"十三镇"，但依旧通称"九边"。明长城东起辽宁虎山，西至甘肃嘉峪关，是历史上规模最大、最坚固、最雄伟的长城，在工程材料、修筑技术和防御配置方面都有很大的发展，代表了中国长城的最高水平。

  明末清初，长城功能既有延续也有转变。明末的长城主要防御对象是清，清初的长城主要作用是对长城内外实行分治，并进行有效的管理。清朝的统治逐渐稳定下来后，统治者认为明朝耗费巨大的人力、物力修建的长城并没有发挥应有的作用，要想维护长远统治，在德不在险，不应再行修筑长城，以德安民乃上策。然而清代并非完全没有修筑长城之类的防御工事，而是部分地修缮了明代的长城。在清末期为镇压反政府起义组织更是修建了较多类似长城的防御工事。柳条边是清朝在建立初期为保护其在肇迹兴王之地——东北的特殊利益，于崇德三年（1638 年）至康熙三十六年（1697年）间，在长达 59 年的时间里，陆续修建的一道北起法特哈（今吉林省舒兰市西）、东至凤凰城（今辽宁省凤城市）、西至山海关的长达 1320 余千米的"人"字形特殊防御工事，主要功能是防止内地居民出关垦殖。

辽宁省丹东市明长城虎山段

　　辽宁省域内明长城的总长度为 1236 千米，由明代辽东镇长城的全部和少部分蓟镇长城组成。在历史上，辽东镇长城又被称为辽东边墙。其中，由葫芦岛市绥中县李家乡新堡子村新台子到绥中县加碑岩乡旧关村的这一段，属于明代的蓟镇长城，其长度为136 千米。辽宁省明长城的东端是明长城的起点丹东市的虎山，西端到葫芦岛市绥中县的锥子山，这段长城是明长城"九边"防御体系的重要组成部分。

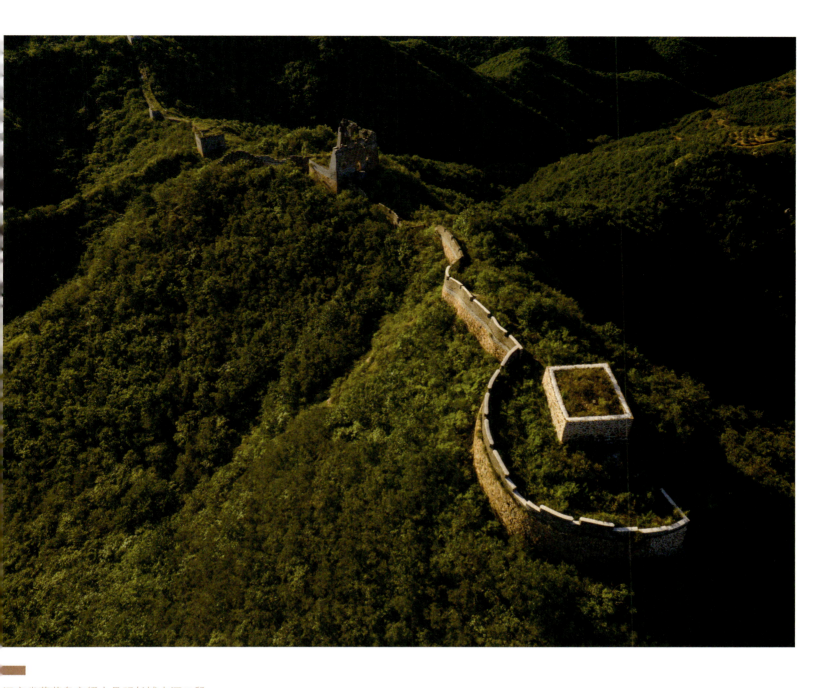

辽宁省葫芦岛市绥中县明长城小河口段

辽宁省大连市瓦房店市驼山乡排石村排石烽火台。烽火台始建于明代，西距渤海边约 2 千米。分布于瓦房店市的烽火台，是明代为防御倭寇而修建的辽东烽火台的一部分，这些烽火台大多建在山上或高阜，有圆形和梯形两种，高十数米。排石烽火台呈六角形，周长 36 米，残高 3.5 米，四周为一圆形围墙，围墙和台基均用方形石块砌筑。明代烽火台对加强海防、防御倭寇海上入侵起着极其重要的作用。

辽宁省锦州市凌海市明长城龟山段。该段长城因龟山而得名，全长不足 2 千米，墙体由黄土夯筑、石垒和山险三部分组成，始建于明正统年间，隶属辽东镇。

辽宁省朝阳市明长城北票段

辽宁省葫芦岛市绥中县明长城九门口段。该段长城全长 1700 余米，南端起于危峰绝壁间，沿山脊向北一直延伸到当地的九江河南岸，在宽达百米的九江河上筑起大规模的过河城桥。"城在山上走，水在城下流"是人们对九门口长城的形象描述。

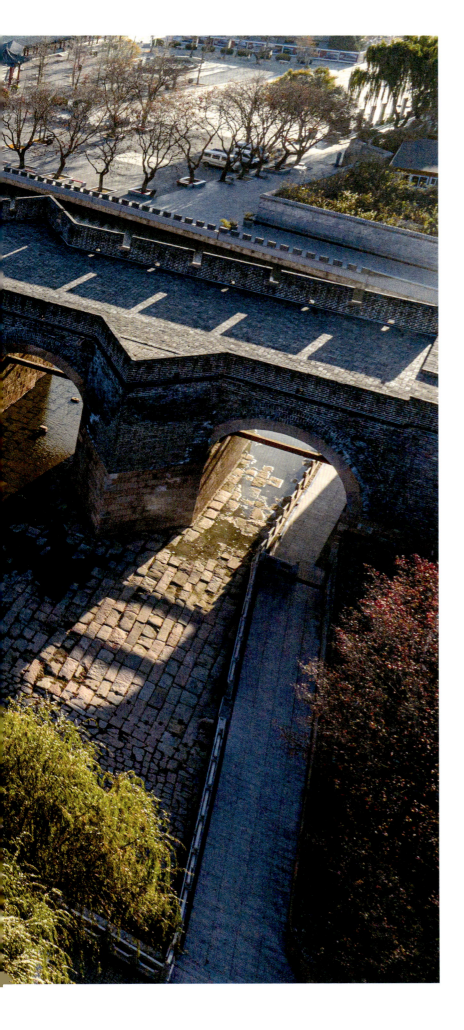

辽宁省葫芦岛市绥中县明长城九门口段

河北省域内长城东起渤海岸边，沿着燕山山脉向西，穿行冀北山地，而后顺着太行山脉往南。长城依山而筑，并在滦河、潮河、永定河等河谷地带修建了要塞。河北省长城分布在秦皇岛市、唐山市、承德市、张家口市、保定市、石家庄市、邢台市、邯郸市等地。河北省明长城的长度约为 1340 千米，有长城墙体遗址 1153 段，长城单体建筑遗址 5388 座，关堡遗址 302 座，长城相关遗址 156 处。

河北省秦皇岛市山海关区"天下第一关"城楼及角山长城

河北省秦皇岛市山海关区老龙头。老龙头，又称入海石城，位于山海关城南约 5 千米的临海岬角高地上，自身形成半岛伸入渤海之中，由蓟镇总兵戚继光派参将吴惟忠于明万历七年（1579 年）修建。该防御体系由入海石城、靖卤台、南海口关和澄海楼组成。其中入海石城犹如龙首探入大海、弄涛舞浪，由此得名"老龙头"。

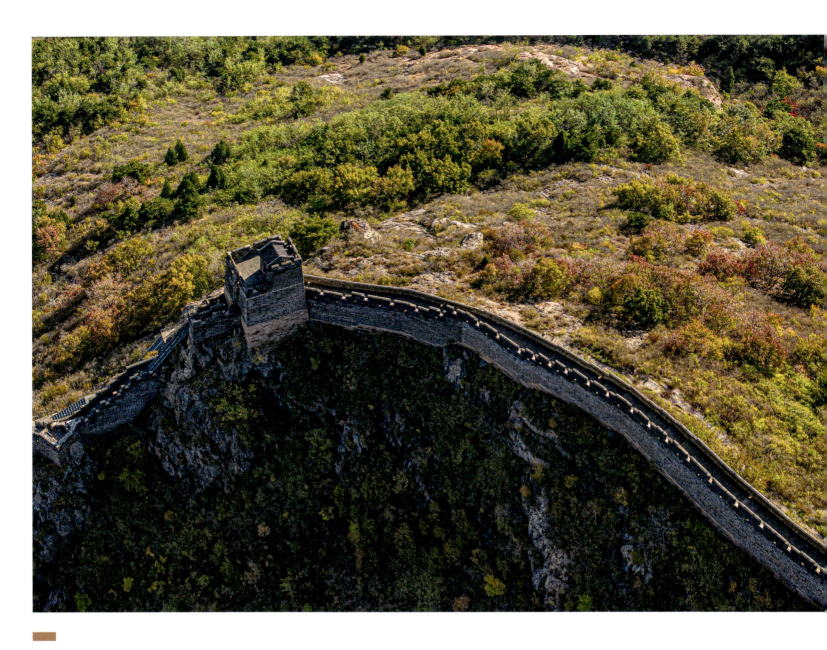

河北省秦皇岛市山海关区明长城角山段

河北省秦皇岛市山海关区明长城三道关段。该段长城位于三道关峡谷上端西侧的山梁上，西南约9千米处为山海关关城，东南1.7千米处为辽宁省万家镇郑家湾子村，西侧为玄阳洞，北侧为山岭。三道关南连山海关，北接九门口，是山海关左翼长城沿线最著名的险隘。

河北省秦皇岛市海港区驻操营镇明长城板厂峪段。该段长城地处燕山山脉南缘，地势险要，俯瞰平原大海，由明代大将戚继光主持修建。板厂峪长城用石头和青砖砌成，这里有火山长城、标本长城、倒挂长城、环线长城、北齐长城、京东第一楼之说，号称"六绝"长城。其中，将长城修建在火山岩的山脊之上在国内还比较罕见，山陡城险，气势磅礴，长城与火山相得益彰。

河北省秦皇岛市海港区驻操营镇明长城城子峪段。明隆庆二年（1568年）前后，东北女真部族迅速崛起，明廷为了巩固边防，紧急征调名将戚继光任蓟镇总兵，并从浙江、福建等地调集精兵强将，对该段长城进行全面重修。

河北省秦皇岛市卢龙县明长城刘家口段过水关楼。经多年筹划，那年在金山岭长城欢度中秋节后，我雨后与影友连夜赶至刘家口，才得此片。关楼始建于明洪武初年，城楼高大，接近正方体，残高约12米，过水洞高近6.5米，关门内侧有石匾，书"刘家口关"，楼里还曾有一块明代万历年间的石碑，上面镌刻着包括名将戚继光到此视察的记录，是明朝边防重要的巡护点段。

河北省唐山市迁安市明长城徐流口段。徐流口，旧称徐刘口，地处燕山山脉，属明长城关隘。关口两侧
山势较平缓，海拔高度不足 400 米，小车可直抵已损毁的关口。

河北省唐山市迁西县明长城喜峰口段。喜峰口雄踞在滦河河谷与长城相交之地，关口两侧山险谷深，层峦叠嶂，构成天然之险，自古为兵家必争之地。明景泰三年（1452年）在关门上建了一座13米高的城楼——镇远楼，楼门两边筑城墙，并与万里长城相连。1976年，国家为引滦入津工程建潘家口水库，水库蓄水后潘家口、喜峰口及其周围长城淹没于水库之中，造就了独特的水下长城景观。

河北省承德市滦平县明长城金山岭段。该段长城横亘在河北省承德市滦平县与北京市密云区交界地带的燕山支脉上，是京、津、辽、蒙四省区市的交会点。这一带早在北齐时期就修筑长城和设置关塞，但那时的长城低矮、单薄，多为土石所筑。金山岭长城于明洪武元年（1368年）由大将徐达主持修建，明隆庆元年（1567年）在原有基础上续建、改建。该段长城敌楼密集，各类防御设施林立，似甲兵护卫，设有关口5处、烽燧2座、敌楼67座，不到200米便有一座敌楼，密集程度为万里长城全线所罕见。

河北省承德市滦平县明长城金山岭段

河北省承德市滦平县明长城金山岭段

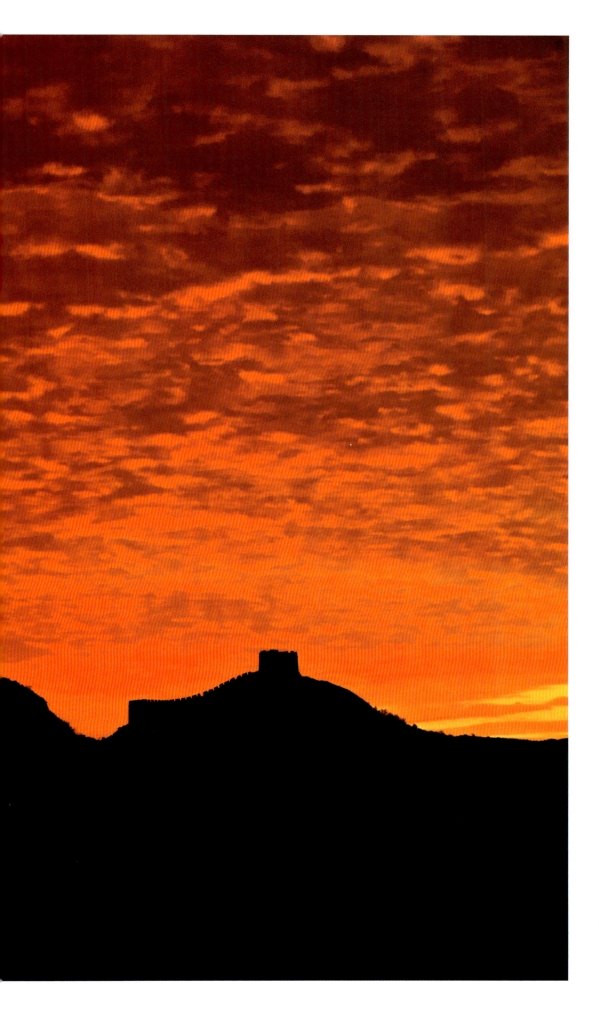

河北省承德市滦平县明长城金山岭段

在河北省承德市金山岭长城与北京市密云区司马台长城交界处有一座神奇的空心敌楼，它的二层南侧墙体镶嵌着由 15 块砖雕烧制的麒麟影壁。麒麟的形象生动，脚踏祥云头扭向侧后方，尾部高高翘起，显得威风凛凛。据了解，这是明长城建筑中迄今唯一保存完整的麒麟砖雕。

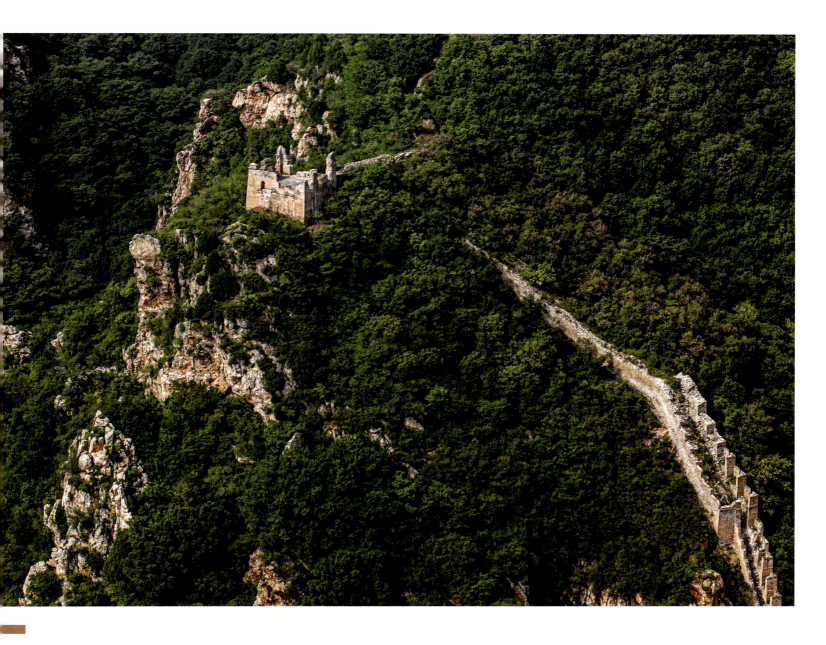

河北省承德市滦平县明长城五道梁段

河北省张家口市赤城县明长城独石口段。独石口长城是外长城宣府镇的重要关口，因关口处有一块拔地而起的孤石而得名。宣德五年（1430年）正月移开平卫于独石口堡，属万全都司指挥。从这时起独石口一跃而成为战略地位极为重要的军事重镇，被当时的军事家称为"上谷之咽喉，京师之右臂"。

河北省张家口市赤城县明长城独石口段

河北省张家口市赤城县莲花滩乡明长城三棵树段

河北省张家口市赤城县滴水崖堡护城墩

河北省张家口市宣化区东望山乡明长城青边口段。该段长城呈东南—西北—西南走向，总长约5千米。由于地形特殊，两侧山势陡峭，关口地段开阔平坦，设防困难。自明万历年起，经数次修筑，形成了三边三墙、九门九关的布局以及奇特复杂的边墙工事。

河北省张家口市怀来县明长城水头段

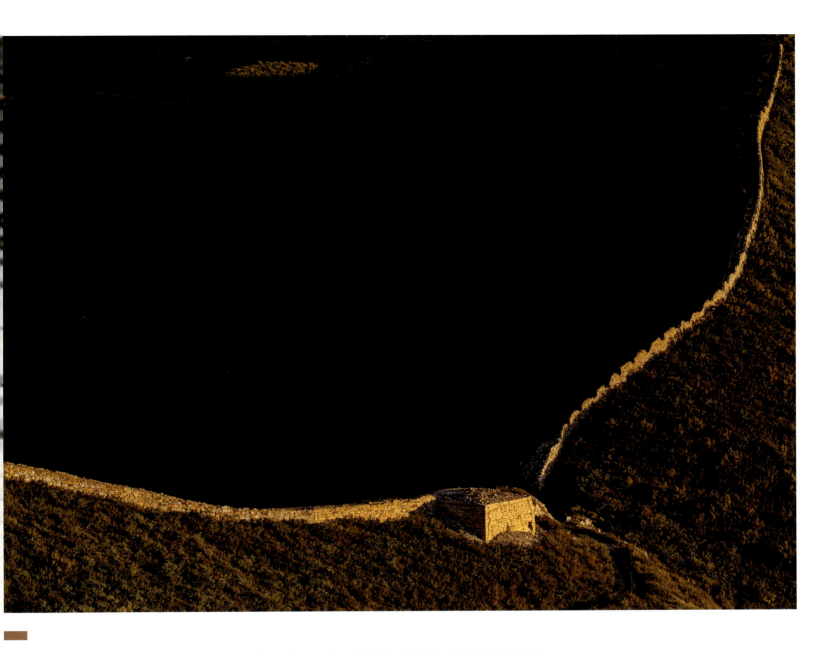

河北省张家口市怀来县明长城庙港段。明长城在修筑过程中，朝廷为保障工程质量，先选择部分地段修建长城的样板，以此来标定长城的质量和规格。怀来县境内庙港村东山的长城墙体规制完整，修筑质量高，因而被定为长城的样板，亦称"样边"。

河北省张家口市怀来县鸡鸣驿。鸡鸣驿因背靠鸡鸣山而得名，位于洋河北岸的鸡鸣山下，距北京市区约140千米。鸡鸣驿在中国古代邮驿史上是个大型驿站，明、清两代特殊的战略位置使之独驿成城。鸡鸣驿始建于元代。公元1219年，成吉思汗率兵西征，在通往西域的大道上开辟驿路，设置站赤（即驿站）。至明永乐十八年（1420年），鸡鸣驿扩建为宣化府进京师的第一大站；成化八年（1472年），鸡鸣驿站建土垣；隆庆四年（1570年），修城池；清乾隆三年（1738年），为加强驿城的防御，对城垣进行了全面维修，并在城东南角城墙上筑角楼魁星阁一座，又于城东筑护城坝一道。直至1913年，北洋政府宣布"裁汰驿站，开办邮政"，鸡鸣驿这座古驿站才完成了它的历史使命。鸡鸣驿是长城沿线上保存规模最大、最完整的一座明代驿站。与沿线的长城资源一样，鸡鸣驿在战争时起到军事堡垒御敌的作用，在和平时期积极发挥交通枢纽、补给站的作用并成为经济贸易的中转站，保障商贸的畅通。

河北省张家口市怀来县明长城大营盘水关段

河北省张家口市怀安县明长城总镇台段

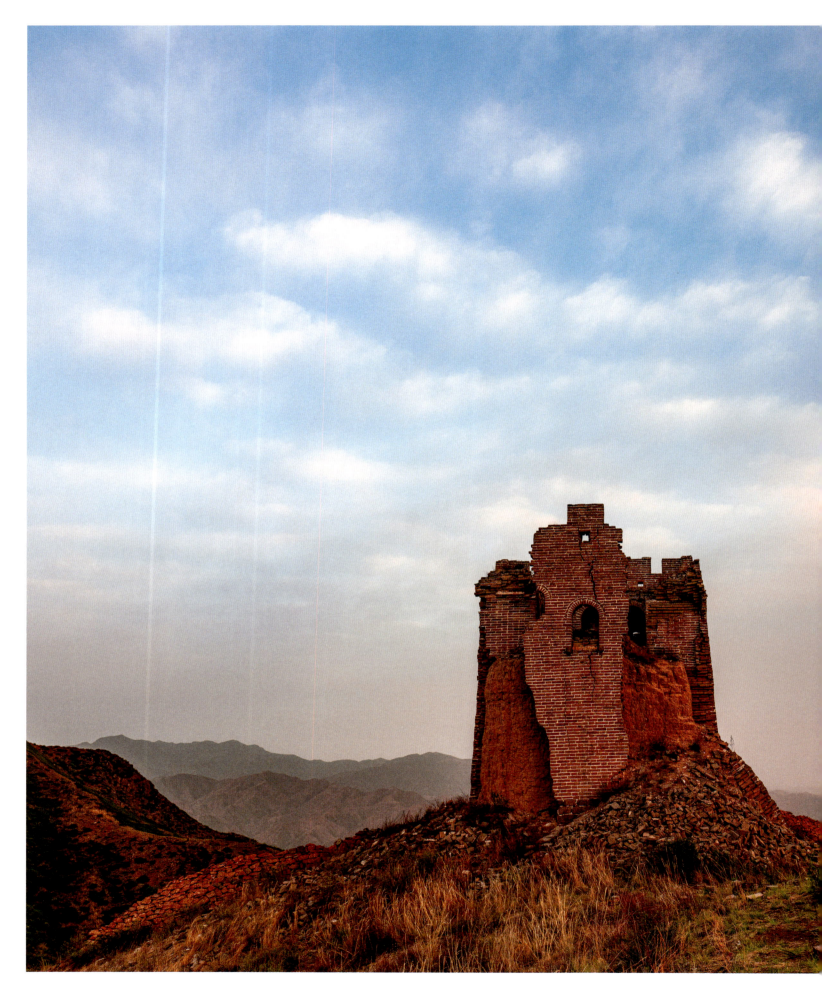

河北省张家口市明长城怀安段"贵妇楼"

河北省保定市涞源县明长城湖海段。这里没有湖，更不见海，只因山顶处的长城边上一排奇异的冲天巨石吸引着我多次前往，感叹大自然的鬼斧神工。

河北省邢台市信都区宋家庄乡明长城马岭关段。该段长城在明水掌村西偏北、太行山最高处的白虎山与牛群垴之间。马岭口关口紧临深达百米山涧，自成山险，又称鬼谷，相传为鬼谷子王诩藏修处。其南约30千米为清风岭口，山势高耸，盛夏无暑气，两关口皆有关墙，为明时戍守处，与黄榆关相掎角。该段长城属明内长城南端，距京师450余千米。

天津市蓟州区明长城黄崖关段。黄崖关明长城在北齐长城基础上包砖增扩，坐落于蓟州区城北约 28 千米的崇山峻岭之巅。当你奋力攀爬陡峭处的长城时，随着脚步的轻重缓急，清脆悦耳的回声令你啧啧称奇。这是万里长城中绝无仅有的一段"音乐长城"。

　　天津市域长城分布在蓟州区北部的燕山山脉，这里的地理位置非常重要，自古以来就是燕山以北地区进入华北平原的重要通道之一。行经此处的明长城由东至西，墙体大多是顺着山势而筑，大部分敌台都修建在山顶以及居高临下的山梁之上。天津市蓟州区的长城遗址都是明代长城，为明朝九边之一蓟镇长城的重要组成部分。天津市明长城遗址的长度约为 40 千米。长城大部分墙体沿着山势而建，只有少部分为山险。黄崖关是万里长城上著名的一座关城，位于沟河河谷地带，扼守着具有战略价值的咽喉要道。关城的平面近似刀把形状，占地面积约 3.8 万平方米。黄崖关也是天津市区域内唯一的一座长城关城。

天津市蓟州区明长城黄崖关段

天津市蓟州区明长城黄崖关段

天津市蓟州区明长城黄崖关段凤凰楼

北京市地处华北平原的北部，市域内有燕山山脉和太行山脉，是由中原前往东北地区和北方草原地区的重要通道。北京市的长城，从东至西大体沿着燕山山脉和太行山脉的山岭修筑。明朝推翻元朝建立起全国政权之后，为了防御北元和后来的蒙古各部南下，大规模修筑了长城防御体系。后期为了防御后金的进攻，又多次加强了东部的长城防御设施。北京作为明朝的都城，更成了长城的重点守卫对象。明代长城"九边十三镇"中的蓟镇、昌平镇、真保镇、宣府镇和山海镇，都把保卫京师和明皇陵作为核心要务。北京明长城分布在平谷区、密云区、怀柔区、昌平区、延庆区和门头沟区等六区。

站在延庆区四海镇火焰山长城"九眼楼"南望北京城，感观效果与 500 余年前明臣触景抒怀一致。明秦霖在《宣镇东路舆图说》中写道："登火焰山望之，而神京在前，宫阙在目，实京师以火焰为后屏也，东顾而蓟镇在左，西顾而昌镇环右，南山崔巍辇崒，拱抱陵寝，龙之蟠，虎之踞，美哉！"

北京市明长城怀柔段

北京市密云区潮河水门关"双楼子"。水门关位于密云区东北部的潮河峡谷中，与西北的居庸关是北京的两个重要门户。古驿道由此进入古北口镇后才可出关。关门西侧依山势建造了"双楼子"，又称"姊妹楼"，是万里长城中的孤例。

北京市密云区明长城古北口段。古北口长城由卧虎山长城、蟠龙山长城、金山岭长城和司马台长城组成，地处燕山深处。这里东连蟠龙山，西接卧虎山，中有潮河、汤河两水穿过。该段长城位于山海关与居庸关之间长城中段，是清帝王去承德避暑、狩猎、巡视以及到东北祭祖的必经之处。

北京市密云区明长城古北口段将军楼

北京市密云区明长城古北口段"呐喊楼"。1933年，中国军队在此进行了著名的长城抗战，为古老的
长城谱写了新的悲壮篇章。素有"京师锁钥"之称的长城要塞古北口，成为长城抗战的战场之一。

北京市密云区古北口镇明长城司马台段。司马台长城有"京师锁钥"之称，全长约 19 千米，是戚继光在此守卫时所创建。该段长城以司马台水库为界分为东西两段，跨峡谷索桥似长虹横贯东西。西段山势较平缓，20 座敌楼至今保存完好；东段长城蜿蜒起伏，气势磅礴，在山峰之巅密布着 15 座敌楼。司马台长城是我国明代长城中原貌保存最好的段落之一。

北京市密云区明长城卧虎山段半山楼

北京市怀柔区明长城箭扣段。该段长城位于慕田峪长城以西约10千米处的西栅子村。所谓箭扣长城，指的是这段长城两边高，中间凹，像拉满弓扣住箭待射的样子。箭扣长城是明代万里长城最著名的险段之一，向来是长城摄影的热门拍摄点。

北京市怀柔区明长城箭扣段西大墙。该段长城始建于明代嘉靖年间，南接著名的"北京结"，北连海拔 1100 多米的"九眼楼"。其地势特点为两头高中间低，雄伟壮观，横亘在群山峻岭之中，是名副其实 的一道大墙。

北京市怀柔区明长城箭扣段 "鹰飞倒仰" 南翼（红外线成像）

北京市怀柔区明长城箭扣段"北京结"

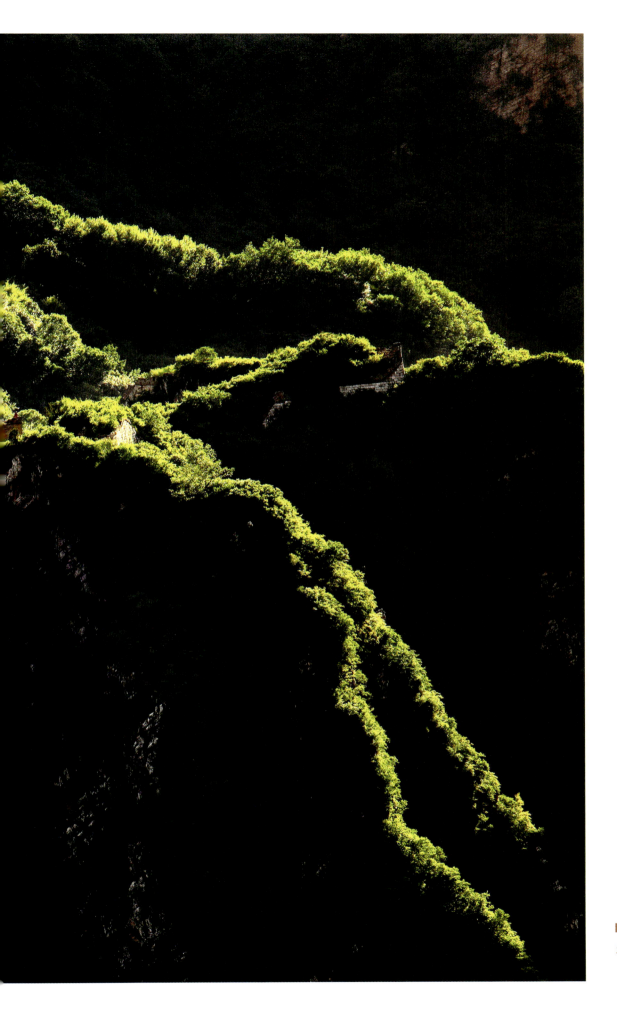

北京市怀柔区明长城箭扣段将军守关

北京市怀柔区明长城箭扣段牛角边

北京市怀柔区明长城箭扣段

北京市怀柔区明长城西栅子段

北京市怀柔区明长城旺泉峪水关段

北京市怀柔区明长城贾家口段

北京市怀柔区明长城黄花城段

北京市延庆区明长城八达岭段

北京市延庆区明长城火焰山段"九眼楼"

北京市延庆区明长城

北京市延庆区明长城南寨坡堡

北京市延庆区明长城石峡关段

北京市延庆区八达岭镇明长城石峡村段。在石峡村
东南与河北省怀来县交界处山顶筑有长城，长城随
山脊走向，在一突出段，墙体呈"U"形转弯，俗
称罗锅城。据史料记载，它是北京昌平白羊口下辖
的一处隘口，始筑于明嘉靖二十三年（1544年），
而空心敌楼建于隆庆三年（1569年）至万历元年
（1573年）。该段长城施工质量好，加之筑于高山
之巅，故虽经历了近500年风雨，保存尚为完整。

北京市昌平区明长城居庸关段

北京市昌平区南口镇与八达岭之间的居庸关关楼

北京市门头沟区明长城黄草梁段

北京市门头沟区斋堂镇明长城沿河城段。该段长城始建于明隆庆五年（1571 年），是北京通往塞外的要冲之一。沿河城为东西向，依峡谷而建，周长约 1200 米，设东、西二门，现仅存西侧永胜门城台。敌台从沿河口起，其中沿字六号至十一号台建于海拔 1700 米的黄草梁，至小龙河口止，共 17 座，其中，有沿字编号的 15 座，无编号的 2 座。图中相近的沿字四、五号台因大量使用汉白玉雕凿的构件，建筑之精细，为明长城建筑之精品。

山西在历史上一直都是各个政权进行统治的核心地域之一，也是农耕文明和游牧文明之间发生冲突与融合交流的地带。山西省域内的长城大多存在于北部地区，大同市、忻州市和朔州市的长城遗存最多。其中明代长城分布在 6 市 25 县，长度约 900 千米，有墙体 470 段、单体建筑 3081 处、关堡 344 处、相关遗存 27 处。山西的明代长城可以分为外长城、内长城和滨河长城三部分。外长城由河北省的怀安向西进入天镇，再过阳高、新荣、左云和右玉，到达偏关，其长度约 380 千米。内长城由河北省的平山进入繁峙，过浑源、宁武、神池，到达偏关，其长度约 400 千米。从灵丘向南，过五台、盂县、平定、昔阳、和顺、左权到达黎城的分布在太行山的这段长城也属内长城。滨河长城为山西省西部和陕西省连接的偏关至河曲段沿黄河而建的长城，其长度约 70 千米。

山西省大同市明长城左云段镇宁箭楼

山西省大同市左云县明长城摩天岭段

山西省大同市云冈石窟上堡——云冈堡

山西省大同市左云县明长城保安堡段。汉亭障、壕堑、天田、明长城在此依次排列，形成完备的军事防御体系。

山西省大同市火山群黑山烽火台

山西省大同市阳高县明长城镇宏堡段

山西省大同市天镇县明长城李二口段。该段长城修筑于明嘉靖二十五年（1546年），是天镇县长城标志性的地段之一。由于这段长城东面是李二口村，故得名为李二口长城。李二口段长城是典型的夯土版筑长城，山岭地段土石并筑，多依山势而定，一般高6～10米，宽5～8米。断壁残垣蜿蜒曲折，矗立在崇山峻岭之间，显得古朴沧桑。

山西省大同市明长城水磨口段

山西省朔州市右玉县杀虎口。杀虎口是晋商贸易的重要通道。当年晋商富甲天下，其中一些商号就是从这里起步、壮大的。所以杀虎口也被称为"晋商的摇篮"。同时杀虎口也担负着东起天镇新平堡，西到陕西神木，北到包头、呼和浩特市，南至朔州、马邑的商贸税收，素有"日进斗金斗银"的美誉。熟知杀虎口，源自那首《走西口》中唱出山西人背井离乡、走过通顺桥一步三回头、举目长叹息的心酸场景。

山西省朔州市右玉县拒胡堡。拒胡堡，又名云石旧堡，明嘉靖三十八年（1559 年）筑。这里视野开阔，易守难攻，但远离水源的致命弊端，令官兵与战马的日常用水困难。若有敌阻断其取水之路，守军将陷于绝境。万历十年（1582 年）移建云石新堡，设守备，分守长城。

山西省朔州市右玉县明长城三十二边段

山西省忻州市代县雁门关明长城白草口段。白草口长城是山西域内屈指可数的包砖长城，位于白草口村北侧。据文献记载，该段长城始建于明嘉靖十一年（1532年），嘉靖至崇祯年间屡次重修，由墙体、敌台、烽火台、关堡等组成。墙体呈东北—西南走向，内部为夯土结构，外部砖石砌筑，顶部砌垛口；敌台有骑墙而建者，亦有倚墙而筑者。该段长城的砖雕工艺较为精美。

山西省忻州市代县雁门关。雁门关位于县城以北约20千米处的雁门山中，是长城上的重要关隘，以"险"著称，被誉为"中华第一关"，有"天下九塞，雁门为首"之说。雁门关与宁武关、偏头关合称为"外三关"。

山西省忻州市繁峙县平型关。平型关位于雁门关之东、繁峙县东北与灵丘县交界的平型岭下，古称瓶形寨，以周围地形如瓶而得名。关城据平型岭之口，关门坐西朝东，城周长 1000 余米，现已全面修复。1937年 9 月 25 日，八路军在平型关东北的公路一侧山地伏击日军，取得了对日作战首胜，令平型关闻名于世。

山西省忻州市偏关县明长城老牛湾堡。老牛湾堡位于晋蒙交界处，以黄河为界，南与山西的偏关县相连，北岸是内蒙古的清水河县，西邻鄂尔多斯高原的准格尔旗，是一个鸡鸣三县的地方。黄河从这里入晋，内外长城在这里交会，晋陕蒙大峡谷以这里为开端，黄土高原沧桑的地貌特征在这里彰显。因万家寨水库蓄水，黄河水在这一带转清澈。这里也是长城与黄河牵手的地方。

山西省忻州市明长城偏关段镇虏台

山西省忻州市偏关县明长城老牛湾段腹里接火墩（火路墩）

山西省忻州市偏关县明长城地菽峁段

山西省忻州市神池县明长城野猪口段

山西省忻州市繁峙县明长城竹帛口段

山西省阳泉市平定县娘子关

山西省阳泉市平定县固关

山西省阳泉市平定县固关古驿道。秦在统一全国之后，陆续颁布了多条律法，以稳固国家的统治，其中就有我们熟悉的"书同文""车同轨""度同制""改币制"等。秦始皇下令拆除了阻碍交通的关塞、堡垒的同时，还修筑了以首都咸阳为中心的"驰道"，以及由咸阳一直向北延伸、全长约900千米的"直道"，以此来防御北方匈奴的侵扰，实现了大规模快速调动兵力和保障粮秣输送。如今我们在井陉和固关古驿道尚能见到2000多年前"车同轨"留下的"六尺"车辙。

内蒙古自治区的长城资源具有长城古建遗址分布面广、点多、线长的特点，全自治区各个历史时期长城遗存的总长度为7570千米左右，约占全国长城总长度的三分之一。其中，明长城分布在自治区乌兰察布市、呼和浩特市、鄂尔多斯市、乌海市和阿拉善盟等五个盟市。明长城的大边线路都在自治区域内，二边线路很多都是自治区和邻省的界线。

在内蒙古自治区的长城带上，长城串联着古城、草原、沙漠、戈壁、湖泊、森林，把自然和人文风情沟通起来，形成了独具特色的内蒙古长城文旅资源。作为中国历史上著名"丝绸之路"组成部分的"草原丝绸之路"，与内蒙古自治区长城带的握手，沟通了欧亚大陆，这条文化与商贸的大通道，从中原地区往北通过大青山和燕山的长城沿线，再向西北方向过蒙古高原至南欧草原，最后到达地中海地区。东起长城地区并伴行了内蒙古自治区长城带的"草原丝绸之路"，一直以来就是中华文化向外传播交流的纽带和桥梁。

内蒙古自治区呼和浩特市清水河县明长城北堡段

内蒙古自治区呼和浩特市清水河县北堡乡明长城捌子沟段

内蒙古自治区丰镇市明长城隆盛庄烽燧。隆盛庄，地处蒙晋冀交汇之地，周边有自秦汉至明多道长城遗存。在明代受晋商影响，成为当时重要的茶贸集散地和驼马转运地，并逐渐成为塞北交通枢纽，是内地农耕区与蒙古草原地区物资交换的贸易中心，其商贸的繁荣有着得天独厚的地理优势。先有隆盛庄后有丰镇之说，并非浪得虚名。

内蒙古自治区丰镇市明长城烽火台

陕西省域内明长城是明代九边防御体系中修建历史最早的长城设施，大致处于九边防御体系的中部地带，向东和内蒙古自治区的准格尔旗长城相接，隔着黄河与山西省河曲县相望；向西则与宁夏回族自治区吴忠市的明长城相接。陕西省明长城主要分布在陕北地区，行经榆林市的榆阳区、神木市、府谷县、横山区、靖边县、定边县和延安市的吴起县，总长度约1170千米。

明长城陕西段分为内外两道，分别建造于明成化九年（1473年）和明成化十年（1474年）。外长城又称大边，内长城称二边，这两条都是呈东北至西南走向且大致呈现平行形态的长城。两条长城之间的距离有数千米至40千米不等。

陕西省榆林市定边县明长城五里台段

陕西省榆林市榆阳区镇北台。据文献记载，始建于明万历三十五年（1607年），次年竣工，由墙体、敌台、马面、关堡、河险等组成。镇北台内夯黄土，外砌砖石，呈正方梯形，逐层内收，共四层，状如台阶，高约20米。该台为明长城线上最大的一座防御敌台，与延绥镇长城墙体、三十六营堡共同构成明代榆林卫的边防设施。镇北台下的"款贡城"依山势而建，北墙与长城墙体共用，墙上设两道城门，是历史上汉蒙双方官方接待、商洽、贸易的场所，古称官市，也称关市。

陕西省榆林市府谷县明长城竺禄台。竺禄台也称竹里台，地处陕西、山西、内蒙古三省（自治区）交界处，是坐落在黄河西岸梁龙头上的明长城与烽火台的统称。明时属"榆寨长城"陕西府谷段，是当年延绥镇三十六营堡的东起点。

陕西省榆林市府谷县明长城龙王庙段"椅子楼"

　　宁夏回族自治区地处黄河上游地区，作为农牧两种生产生活类型的交融区域，这里的长城自战国开始，经秦、汉、宋、明等历朝不断修筑，用以巩固黄河河套地区的边防。宁夏地区的长城，具有修建和使用时间跨度长、空间分布广的特点。明代长城可分为河东墙、北长城、西边墙和内边墙四部分。河东墙分布在吴忠市的盐池县，银川市的灵武市、兴庆区，石嘴山市的平罗县。明廷在这里前后共修筑了两道长城，先是修筑了一道河东墙（俗称二道边），后又修建了一道深沟高垒（俗称头道边）。北长城分布在石嘴山市的惠农区、平罗县和大武口区。北长城有南北两道，北道也称旧北长城，废弃后，又在其南面另筑一道长城。这两道长城都是东接黄河、西至贺兰山，同西边墙和黄河一起，形成了守御宁夏地区的北部防线。西边墙也被称作河西长城，主要分布在石嘴山市的惠农区和平罗县，银川市的贺兰县、西夏区和永宁县，吴忠市的青铜峡市，中卫市的中宁县。内边墙的东端起始于陕西、甘肃、宁夏三省（自治区）交界处的"沟拉壕"山险墙，其西端到达中卫市海原县西安乡孔家沟甘肃、宁夏两省（自治区）的交界处。

宁夏回族自治区吴忠市盐池县明长城花马池段

宁夏回族自治区银川市永宁县明长城三关口段。该段长城位于西北的贺兰山东麓，距银川约 40 千米，与内蒙古阿拉善左旗接壤。据文献记载，该段长城始建于明成化年间，由墙体、壕堑、敌台、烽燧、关堡、水洞等组成。三关口，即从内向外设头道关、二道关、三道关。在西北行摄时遭遇沙尘暴是常态，来自阿拉善肆虐的狂风，日复一日，将三关口高大的城墙层层剥离，边缘已呈刃状，让我们见识了风蚀对夯土墙的破坏作用。

宁夏回族自治区银川市明长城三关口段

宁夏回族自治区银川市明长城三关口段

第四篇　明清长城

宁夏回族自治区吴忠市青铜峡市明长城永宁段及十连墩

宁夏回族自治区吴忠市盐池县明长城花马池段

宁夏回族自治区吴忠市明长城青铜峡段和劈山墙、烽火台、二十连墩

宁夏回族自治区吴忠市明长城青铜峡段

宁夏回族自治区吴忠市青铜峡市明长城北岔口段。该段长城呈现出多样性，由双墙长城、石垒长城、夯土长城和壕堑组成。

宁夏回族自治区石嘴山市明长城归德沟段。该段长城是贺兰山"西边墙"的一部分，呈东西走向，由两段石墙和两段夯土墙构成。由于该段长城存在于贺兰山中，较长时间远离人类活动范围，保存相对完好。

宁夏回族自治区吴忠市盐池县明长城高平堡段及隋长城

宁夏回族自治区石嘴山市明长城大武口段烽火台

宁夏回族自治区银川市灵武市明长城石沟驿段烽火台及十连墩

宁夏回族自治区吴忠市青铜峡市明长城北岔口段。据文献记载，该段长城建于明成化年间，由墙体、敌台、堡城组成。墙体呈南北走向，由夹杂小砾石的黄沙土分段版筑而成，夯打坚实，体量高大，顶部两侧的垛口和女墙至今仍保存原状，是我初识夯土长城以来所见保存最为完整的段落。

青海省域内的明代长城最初修建于明嘉靖二十五年（1546 年），一直到明隆庆六年（1572 年）建成，后又经过较大规模扩建，于明万历二十四年（1596 年）完工。长城向西到达祁连山的南缘地带，向东在冰沟驿连接甘肃省域内的河西长城，形成一套完整的防御系统。

青海省域内的明长城呈半环状分布于西宁市、海东市、海南藏族自治州、海北藏族自治州 4 市共 12 个县级行政区域，总长度约 323 千米，由 1 条长城主线和 8 条长城支线构成。长城主线的长度约 294 千米，长城支线的总长度约 29 千米。

青海省西宁市明长城大通段

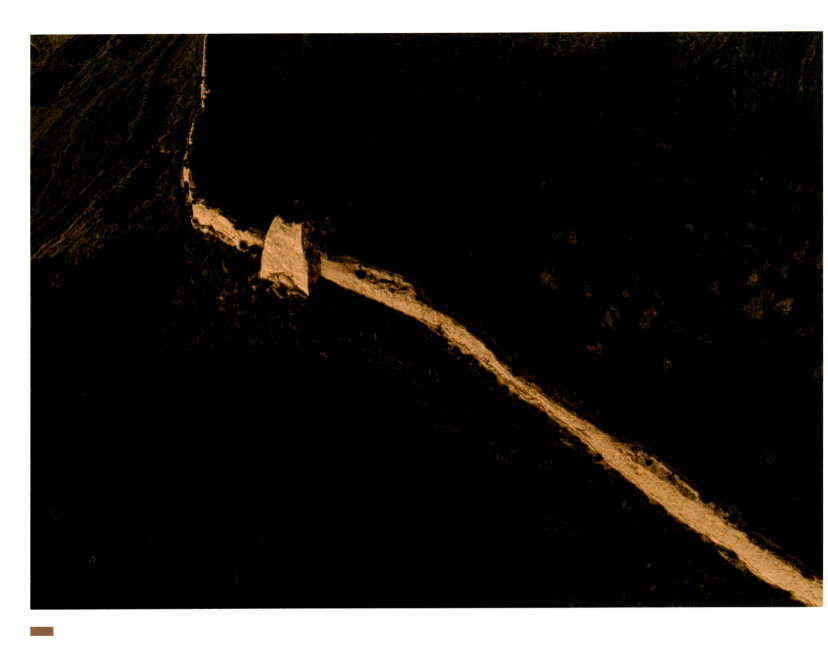

青海省西宁市明长城大通段。据文献记载，该段长城建于明隆庆六年（1572年），由墙体、敌台、烽火台、关堡等组成。墙体以夯筑为主，石头垒砌、堑山为墙、挑挖壕沟以及直接利用山险等方式并存。大通县的明长城主线总长度约44千米，整体呈东西走向，东南迄马鞍山脉的扎板山处，西北止娘娘山，由东南向西北贯穿大通全域，向东与互助县平顶山长城相接。该段长城是青海省明长城保存最好的段落之一。

青海省海东市乐都区明长城苍岭沟段一号烽火台

青海省海东市乐都区明长城晁家马段一号、二号
烽火台

青海省海南藏族自治州贵德县明代贵德古城墙及玉皇阁

青海省海南藏族自治州贵德县明代尕让古城

甘肃省历代长城的时代特征明显，类型丰富，长城军事防御体系完整，长城的修建和使用"因地制宜"的特点也十分突出，故有"天然长城博物馆"之称。明长城甘肃段为明长城九边防御体系的西段，归属于明代"九边重镇"之固原镇（固原镇设立之前，环县一带归属于延绥镇）和甘肃镇，域内的明长城分布在全省9个市（州）的24个县（市、区），总长1738千米。长城向北连接宁夏长城，向东连接宁夏和陕西长城，向南连接青海长城，向西直到甘肃明长城的西端嘉峪关。

甘肃省嘉峪关市嘉峪关

甘肃省白银市景泰县芦阳镇黄河索桥堡渡口遗址。这是明朝最后一项大型军事工程，于万历年间筑新边的同时在此栽桩架索，勾连木船成浮桥，以供人马车辆通过。因来往商旅主要云集在渡口北岸台地，经年累月客栈成为街市。明在此设官军防守、管理渡口。

甘肃省白银市靖远县若笠乡若笠北堡。该堡位于乡政府不远处的山梁上，城堡为四环阶梯形城池，有内外城墙四道，平面呈正方形，内墙保存完整，外围墙只剩痕迹。一条用红砖立铺的山路引领我们走近若笠塬，这里梯田环绕，山连着山，塬挨着塬，梁不断，塬无绝，无尽绵延。

甘肃省武威市明长城天祝段。在海拔 3000 多米的顶坡，当地的小路因羊群的啃食、蹄踏自然形成，让我懂了什么叫"羊肠小道"。

甘肃省武威市天祝藏族自治县明长城乌鞘岭段。该段长城所处地域多为金枪河谷两岸的台地和浅山地带及乌鞘岭北麓的浅山缓坡地带，部分处于乌鞘岭上，地势高峻，全长约 50 千米，保存状况相对较好，是万里长城中海拔较高的一段长城。这里是扼守河西咽喉的关键。汉代名将霍去病出河西翻越乌鞘岭追歼匈奴，令匈奴人哀叹："失我焉支山，令我妇女无颜色。失我祁连山，使我六畜不蕃息。"

甘肃省白银市景泰县明代永泰古城。从空中俯瞰该古城形似龟，因此也被叫作龟城。

甘肃省白银市景泰县明长城寺滩段烽火台及五连墩

甘肃省武威市天祝藏族自治县乌鞘岭段汉长城及明长城

甘肃省武威市天祝藏族自治县松山镇松山新城（牧羊城）。该城为明万历二十六年（1598年）重建。城堡分内外两城，整体呈回字形布局。城墙系夯土版筑，南面和西面两垣各设有一门，城门外侧均有瓮城；北垣墙体上有马面。外城四角原各筑一角楼，现仅存东北、西北两座角楼，城垣外侧有护城壕。

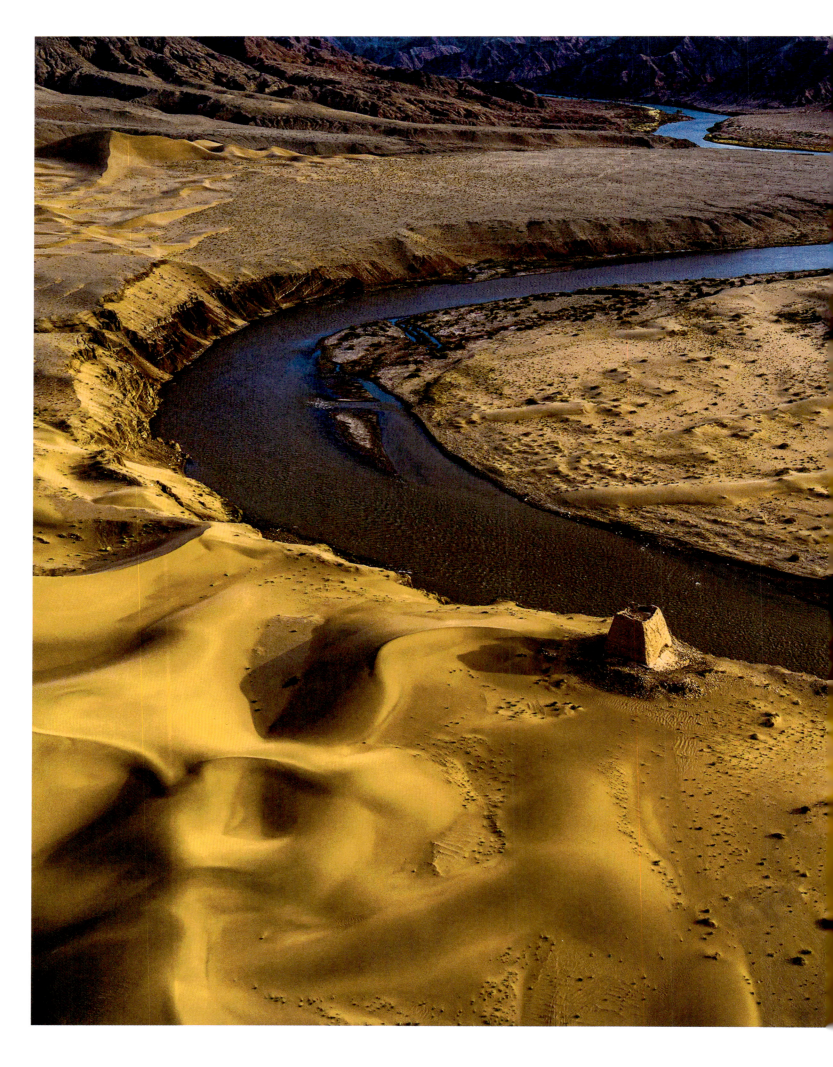

甘肃省张掖市明长城高台段兔儿墩。墩台
位于高台县罗城镇与酒泉市金塔县鼎新镇
交界处，巴丹吉林沙漠西南边缘，黑河北
岸，地处河西走廊的明长城主线以北，是
一座起前哨警戒作用的明代烽火台。此墩
主体为土坯垒砌，高约12米，内部实心，
无登顶踏道，外层和台顶女墙有部分河卵
石垒砌的结构遗存。

甘肃省金昌市明长城永昌段

甘肃省张掖市临泽县明长城板桥段小口子墩。墩台位于红沟村以北的小口子山中，是进入合黎山的通道之一。因两面环山，可通过的道口狭窄而得名。地貌特征为红色砂岩山体，烽火台为就地取材，夯土版筑，颜色与山体融合，远观不易被发现。

甘肃省张掖市明长城临泽段刀山烽火台

甘肃省张掖市高台县明长城天城段烽火台及五连墩

甘肃省张掖市明长城高台段月牙墩

甘肃省张掖市明长城高台段镇夷峡蟒墩

甘肃省张掖市明长城临泽段平川墩

甘肃省张掖市明长城高台段石板墩

甘肃省酒泉市明长城花城湖段煤烟墩

甘肃省嘉峪关市嘉峪关。嘉峪关，古称"天下第一雄关""连陲锁钥"。城关两侧的城墙横穿沙漠戈壁，北连黑山悬壁长城，南至讨赖河大峡谷，始建于明洪武五年（1372年），为明代长城西端第一重关，由内城、外城、罗城、瓮城、城壕和南北两翼长城组成。

甘肃省嘉峪关市明长城嘉峪关段讨赖河墩

清朝并没有废弃长城。一直到清末，沿线关隘都有驻军把守。长城作为农耕民族与游牧民族分界的标志意义，在整个清朝一直都存在。明朝称长城为"边"，而不叫长城，清朝同样称长城为"边"。清朝由顺治年间起，在辽东地区分段修建起来的柳条边，其长度达 1000 余千米，目的是防止非满洲族人随便进入东北地区，特别是防止中原汉人涌入东北。而清朝在青海、新疆等地修建长城，则完全是出于军事防御的需要。清代以防范蒙古各部以及汉、苗、回等族农民起义为目的而修建的长城，其作用与其他朝代的长城无异。

新疆维吾尔自治区哈密市清支边墩烽燧

河北省张家口市大境门。该关隘坐落于东、西太平山之间的天然隘口处，为明宣府镇长城河北段的重要关口，是长城关口中唯一以门相称的关隘。关隘始建于明永乐十年（1412年），清顺治元年（1644年）正式在此开豁建门，始称大境门。繁盛一时的贸易通道张库大道从这里出发，直抵库伦（今蒙古国首都乌兰巴托）。

河北省张家口市大境门。大境门的两扇大门高 5.6 米、宽 4.5 米、厚 0.27 米，其板材来自今蒙古国的乌兰巴托。历史上，乌兰巴托曾经叫圐圙营子，所以称其为圐圙板。两扇松木门从上到下包裹着片状手工打制的铁板，并用蘑菇钉嵌牢。在万里长城所有关口中，大境门的大门是唯一保持着原真性的长城关门。细数门扇上的蘑菇钉，西门 2244 颗，东门 2294 颗。

新疆维吾尔自治区喀什地区莎车县亚克艾日克乡清代亚克艾日克烽火台。该处烽火台又称阔如勒驿站，位于阔如勒村西 500 米处。两座烽火台相距 260 米，保存基本完好，造型相似。据史料记载，两座烽火台为清军在光绪三年（1877 年）追歼阿古柏侵略者时修缮，是清军大战阿古柏的历史见证。

新疆维吾尔自治区伊犁哈萨克自治州察布查尔锡伯自治县纳旦木卡伦。该卡伦位于察布查尔锡伯自治县城西、伊犁河谷南岸宽阔的阶地平原上，坐北朝南，整体保存较好，平面呈长方形，边长 160 米，墙体为夯土版筑，高不足 3 米，四周有与城墙等高角楼。在新疆寻拍清代兵营城堡时，发现墙体比明代的低矮很多，缘于清军大量装备速射兵器后，平射角为增加射杀攻方的穿透力而矮化城墙，故称其为"铳城"。

新疆维吾尔自治区伊犁哈萨克自治州霍城县惠远城遗址。新疆四大都护府是指在汉、唐、清三个朝代中，在新疆地区设立的四个重要的统治机构，它们分别是西域都护府、安西都护府、北庭都护府和伊犁将军府。惠远城为清代伊犁将军府所在地。根据清光绪七年（1881年）《中俄伊犁条约》以及清光绪八年（1882年）《中俄伊犁界约》的有关条款，在随后的边界勘定以后设立的卡伦，由当时驻守伊犁地区的满、汉、锡伯各族的军民驻守。锡伯族民众奉旨万里西迁守疆的真实故事令人动容。

新疆维吾尔自治区哈密市伊州区柳树沟乡了墩。了墩也称瞭墩，始建于唐代，是哈密绿洲往西进入戈壁荒野的必经之路。哈密自古以来就是西域门户，史称"中华拱卫、西域襟喉"。清代《新疆图志》里清楚记载着哈密南路经过的地名与里程，其中头堡、三堡、三道岭、了墩、一碗泉、车辘轳泉、七角井、梧桐窝驿为当时哈密的西八站，而了墩是哈密南路与向西北延伸的小南路路口。清乾隆年间增扩，设置驿站，改名"了墩"。林则徐发配伊犁时途经此处曾停留数日，接受原下属接风洗尘。了墩内外引有坎井，植左公柳。其驿站功能随着电报的开通失去作用。

新疆维吾尔自治区克孜勒苏柯尔克孜自治州乌恰县萨喀勒恰特清代兵营

新疆维吾尔自治区克孜勒苏柯尔克孜自治州乌恰县萨喀勒恰特卡伦。该卡伦位于清代兵营北部，与兵营隔克孜勒苏河相望，坐落在靠近河岸的崖壁之上。山脚下的克孜勒苏河发源于塔里木盆地西部，向东流淌经久不息。

跋　POSTSCRIPT

　　我年少时受父辈影响，闲时摆弄相机，随几位兄长把景山当前院，圆明园作后院，骑着自行车在半个北京城狂奔。玩到自己动手冲卷、洗印、放大阶段，母亲将我领到当时的中国摄影界泰斗吴印咸家中蒙受教诲，这为我之后的摄影之路奠定了基础。20 世纪 70 年代末为工作调动的事，我常前往东城区的红星胡同 61 号，在三层小楼里结识了各界摄影精英，与他们的交往开阔了我的眼界。算来接触摄影已有 40 余年，在老一代摄影家的指点下，我远离了人像和舞台摄影，转入艰苦的长城专题。自此，我在祖国的 15 个省（自治区、直辖市），各历史时期的长城点段行摄 40 余年，用镜头记录中国长城，并向世人展示个性鲜明的长城影像。

　　20 世纪 80 年代初，我与李向良分别驾两轮摩托车从成都出发，历时 13 天成功抵达拉萨。那时川藏公路路况极差，当年此举称探险，如今算自驾。与生俱来的不惧艰辛，从那时就打磨了我在长城摄影征途上的韧性。

　　从敬畏长城到爱上长城，在跨越 2000 多年的长城遗存中寻访有代表性的点段，从古老中感受神奇，在险境中实现梦想。2008 年奥运会后，我有了可自由支配的时间，自此加速了对各地长城遗产的拍摄。

　　记得在 1984 年初春，我与地质遥感中心刘冀川驾车前往河北省滦平县巴克什营乡拍摄修缮中的长城。在滦平县委宣传部领导安排下，由缸房村村主任苗德贵引领，我们扛着铝材摄影箱，凭借一把镰刀、一刃利斧披荆斩棘从北坡登顶，夜宿望京楼。时隔 32 年，于 2016 年的一个雨夜，我与林俊杰、何涛再次前往缸房村，巧遇村民苗德龙，从他口中得知苗德贵是他去世多年的亲哥哥。得知我们要登望京楼，片刻犹豫后，他转身出门磨起镰刀，问他干吗？他回答："当年县里是安排的我哥带两位北京人上过长城，时间隔得太久，但就凭你刚说的事儿，你应该是其中的一位，我得陪你们上山。"就这样，又是刀砍斧劈，从北坡生生开出一条山路，安全地把我们三人送至望京楼。我心中始终铭记着这对兄弟的深情。

　　这些年与志同道合的影友行摄于高山峡谷间，我用光影艺术诠释中国长城。至于在国内办个展及出版画册一事，身患重病的母亲对我说："你兄弟在美国帮你办了三次专题展，就不能在国内办一次展览吗？"母命难违。经朱洪宇先生推荐，征得主办方同意，在 2016 年第四届北京国际摄影周上，"京畿雄关"董旭明明长城

摄影专题展顺利展出，我的 29 幅长城摄影作品以全新的光影视觉呈现在大众面前。这次影展，是对我长城摄影的一次小结和见证。其后在国内多地和国际摄影展中，我均受邀以长城专题举办个展，并参与了多次国家级长城题材展览和多部画册的编审工作。在 2019 年"中国旅游文化周"活动中，我的"世界文化遗产——中国历代长城"专题被推选在第九届欧洲摄影节米兰摄影展参展。同时，我的 35 幅记录各历史时期中国长城的摄影作品被意大利米兰摄影艺术馆收藏，作品《宁夏烽火台》也被用作展会宣传海报用图。作为美国旧金山摄影师联盟（SFPA）荣誉会员，我连续 8 年支持年展活动。2020 年五一假期，我作为嘉宾在 CCTV-7 国防军事频道《军迷行天下》栏目，连续五集结合图文讲述《你不知道的长城》。从 2021 年 1 月 23 日开始，我与旧金山摄影师联盟组织举办云上展览，并由旧金山摄影师联盟组织支持，在德国 3D 平台的院线，选取 150 幅摄影作品，使用两个展厅举办了为期 15 个月的"世界文化遗产——中国历代长城"线上展。2023 年 3 月，在美国旧金山市政大厅举办了为期 28 天的"世界文化遗产——中国历代长城"个人专题展。2024 年，由北京市文物局、北京建筑大学主办的"'东方巨龙 民族脊梁'中国长城摄影展"在京津冀高校开启巡展模式，其全部摄影作品由我提供，同时我深入相关院校、博物馆进行客座交流。2024 年在第二届香港国际文化创意博览会上举办的"中国长城"大型长城摄影展全部作品由我提供。2024 年 9 月至 10 月，在北京八达岭景区举办的"守护·长城——'爱我中华 修我长城'题词 40 周年回顾与展望"摄影展览上，我提供了 15 个省（自治区、直辖市）的各历史时期的长城图片。

　　近些年，为探索汉、唐、清三个朝代长城在新疆维吾尔自治区的分布，我先后 9 次前往新疆拍摄。有感于先人们戍边屯垦，我亦为这片热土付出极高昂代价。当步入新疆生产建设兵团博物馆，我才知 359 旅选择在最困难的环境扎根，向荒漠要粮棉，在沙漠腹地创建出以阿拉尔命名的现代化城市的伟大壮举。更难忘在一县接三国的塔什库尔干县的中国边境沿线，可歌可泣三代人，夫妻守边防的群体，手持着国旗向过往的我们行军礼场景，是那么感人至深。

　　一路走来，一路追寻。自 1965 年 5 月 1 日我第一次到八达岭长城游玩，与小朋友在长城上奔跑比赛，摔得头破血流，已过去近 60 载。几十年来，随着对长城的了解，我对长城的敬畏之心愈加强烈。在野外的拍摄过程中虽时有受伤，遭遇野生动物受到惊吓已能自我平复，但 2018 年 2 月 14 日清晨在甘肃省金塔县发生交通事故，在两次撞击过程中我的身体多部位特别是头部多处骨折，时至今日伤痛仍然困扰着我。当时在冰天雪地中从天旋地转到苏醒，以及向外求助时的情景我至今历历在目。在此感谢闫洪飙、林毅红夫妇和冯建伟先生协调甘肃省自上而下的抢救通道，还要感谢董耀会先生在得知消息后，安排李晓峰、李国民协调属地医院，为我得到及时的救治赢得宝贵时间。

通过长城影像，读取历史密码，唤醒遗忘记忆。40 余年来，从白山黑水到帕米尔高原，从渤海之滨到大漠戈壁，我追逐光影，把黑夜当白昼，自驾行程超过 60 万千米，用相机拍摄记录了分布在北京、天津、河北、山西、内蒙古、辽宁、吉林、黑龙江、山东、河南、陕西、甘肃、青海、宁夏、新疆等 15 个省（自治区、直辖市）各历史时期的长城。这当中，从先秦时期战国七雄到夹缝求生的中山国长城，从秦汉到南北朝再到明清长城，我与志同道合的伙伴行摄于高山峡谷间，用光影艺术诠释中国长城。深有感触的是 9 次进入新疆境内寻觅汉、唐、清代遗存过程中，当书籍资料提及的如雷贯耳的人文历史和壮美地貌呈现眼前时，我感到发自心底的震撼；当我沉浸在找到中国境内最西部的烽火台的喜悦时，被边防哨卡的官兵告知：你们找的这种烽火台，往西的每个边境山口都有；当我站在中国与阿富汗接壤的瓦罕走廊一边的公主堡脚下时，放下了追逐的包袱，注视那些守卫国境的中国官兵的身影，只见他们有如千年烽燧，捍卫着主权。

有道是花有重开日，人无再少年。回想 40 余年长城拍摄的岁月往事，我努力找回属于自己的记忆。值此《中国长城》付梓出版之际，感恩父母生前对我的关爱、妻子和儿子对我的理解以及亲兄弟间的帮助与支持，感谢与我同行 40 余载的"胶片兄弟"张虹、刘冀川、侯晓军，以及将我引入高校学堂的张帆教授、汤羽扬教授、吴诗中教授，还有近 20 年来风雨同舟的代晓刚、林俊杰、何涛、马晓伟、许嘉宁、胥焰、方忠诚、金建群等众多长城影友，感谢多年来在长城拍摄过程中为我答疑解惑、亦师亦友的袁永明、尚珩、李一丕、王鹤然等文博专业的学者，以及在数字技术上给我支持的程旭和吴笛铭两位好兄弟。有你们的支持，令我在探索世界遗产影像学道路上的脚步不停歇。为此，我将以更加饱满的热情去填补创作空白，作为献给未来的礼物，生动翔实地将中国长城影像呈现在众人面前。值此，感谢燕山大学出版社的诚挚邀请，感谢陈玉社长和编辑方志强、张岳洪给予的信任。

董旭明

2025 年 1 月于北京